人生就像馬拉松，有曲折才值得

想要看見不一樣的人生，現在就要邁步向前！

資深心理諮商師
呂佳綺 著

Preface
目錄

想讓人生不一樣，就去跑場馬拉松吧！

近年來，在台灣掀起一股跑馬拉松的熱潮，二〇一三年在各地舉行的馬拉松賽事更是首次突破百場，也讓慢跑幾乎成為國民運動。無論是自己純粹當成下班後的慢跑運動，或是與朋友相約，有目標地一再挑戰更多里程數的馬拉松競賽，親身體驗過的親友、同事似乎都能從中感受到不同層次的成長與突破。

在我終於嘗試「跑出人生的第一步」後，細究馬拉松之所以如此吸引人的原因後發現：其實除了在追求體能的維持或精進之外，參與馬拉松過程中所需要克服的困難和障礙，與我們在人生各階段所要面對的課題竟是如此相似——面對目標跨出的每一步看似是在挑戰生理的極限，其實是在向自己的內心宣戰！例如：有時候我們會一邊賣力地跑，卻又一邊忍不住心想：「我的腿部好痠痛，感覺快要抬不起來了……」、「離目標居然還剩三公里，我快要撐不住了……」

如果你對於內心懷疑的聲音和體能的煎熬，都能用「初衷」、「意志力」、「為

了達成設定目標」……等意念逐漸克服、逐步前進，那麼當你遇到人生困境時，也會學著用同樣的態度去面對。或許因為當下跑步的情境是如此純粹，所以我們才能從中看到平時在嘈雜人事中看不見的真正的自己，以及生命中亟待我們去超越的極限。

今年五十七歲的麥克・法內利（Mike Fanelli）至今已累積超過十萬英里的跑步里程數，他曾和跑步俱樂部的學員分享：「你們要把馬拉松比賽分成三個階段。一開始要用你的大腦去跑；接下來，用你的個人特質去跑；最後，用心去奔跑吧！」這番建言似乎也能應用在追求人生的目標。一開始我們要先思考該用什麼方法執行，並有效實踐；接下來要用個人優勢去提高速率與完成度；最後任憑心與創意恣意奔馳，終究能透過這種進程，讓自己全心投入又發揮所長地直奔終點，達成終極目標！

所以才會有人說：「如果想要改變你的人生，就去跑一場馬拉松吧！」因為當你用心盡力完成一場比賽後，就會明確地知道：只要透過努力，再也沒有什麼你做不到的事！因為當你起跑的同時，人生也在不知不覺中晉升到另一種境界了。

呂佳綺

Preface

目錄

Chapter 2

最眞實的人生競賽，沒有規則

Chapter 3

人生的起跑點，本來就沒有人一樣

Chapter 4

跌倒沒關係，再爬起來就好

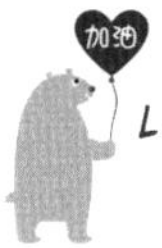

Chapter 5
和自己對話，享受一個人的孤獨

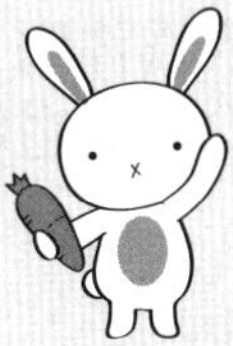

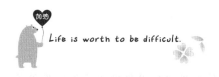

Chapter 6

沒有人爲你喝采，就做自己的啦啦隊

Chapter

1

紮實的訓練，才能有好表現

★ 從初學者開始，但不能抱著初學的心態 ★

★ 就算知道自己是鑽石，也要先用力磨出光芒 ★

★ 看見自己的成長，而不只是成績的增長 ★

★ 不跑的理由太多，跑下去的理由很少 ★

★ 你只需要比別人多相信自己一點 ★

★ 現在跨出去的每一步都是改變的開始 ★

從初學者開始，但不能抱著初學的心態

我們無論面對什麼事，
都不能抱持著得過且過的態度，
要試著相信自己
有躍上出類拔萃舞台的那一天。

或許你未曾跑過馬拉松，但對其他的運動較為熱衷，或是你曾參賽過，甚至早已是身經百戰的馬拉松好手。無論何種體驗、何種運動，總有起步的第一次，一旦你嘗試了，並堅持到最後，之後回想時，難免會感嘆：那時我如果能再要求自己多一點，是不是現在的自己可以變得更精進許多？甚或已經達到了某種成就。

當然，過去的事實已無法改變，但是對於未來即將遭遇的每一件事，都值得你用更鞭策自己的態度重新面對。

其實，每一次的馬拉松賽程，就如同人生的其他經歷，你可能會遇到跨不過去的時刻，也有因達成目標而為自己感到榮耀的片刻，重點是，當你面對每一場人生的戰役，你是抱持著「使命必達」的決心，或是「淺嚐輒止」的初學者態度呢？而這之間的歧異，往往就是決定你未來能否迎向成就的舞台，或是半途而廢，最終讓人生充滿殘念的轉捩點。

不管做什麼，都要全力以赴

舉世聞名的吉他大師卡洛斯．山塔那（Carlos Augusto Alves Santana）出生在墨西哥，十四歲時跟著父母移居至美國舊金山。

剛開始上學的時候，山塔那在學校的功課總是不見起色。有一日，他的美術老師克努森問他：「山塔那，我翻了一下你來舊金山以後的各科成績，幾乎都在及格邊緣徘徊，但是你的美術成績總是拿到『優等』，而且你對音樂也很有興趣，我想你或許具備著藝術家的天賦。如果你想進一步瞭解藝術領域，我可以帶你到附近的美術學院參觀，這樣你就能判斷自己是否真的想往這條路發展。」

幾日後，克努森老師果然抽空帶著全班同學到舊金山的美術學院參觀。在那裡，

山塔那親眼看到別人創作的過程，這時他才體認到若想要進入專業的領域，自己現在的實力仍有一段巨大的成長空間。

參訪後，克努森老師鼓勵他：「山塔那，不思進取的人根本沒辦法擠進這個由各種藝術資優生已卡位好的領域，你應該要拿出百分之一百五十的努力，不管做什麼都應該這樣。」這句話影響了山塔那的一生，在創作音樂的路上他始終不曾忘懷老師的教誨，並以此警惕自己。二〇〇〇年，山塔那以全新的創作專輯《超自然》一舉獲得八項葛萊美音樂大獎，他的才華終於受到樂壇的肯定。

若山塔那未克盡全功，現在或許不過是一位業餘的音樂愛好者。因此，我們無論面對什麼事，都不能抱持著得過且過的態度，要試著相信自己有躍上出類拔萃舞台的那一天。不管身旁的同學、同儕多有成就，別人的光芒都與你無關，你的人生走向就掌握在自己的手中。

無論現況有多艱難，你可以決定自己要用什麼心態來面對，是否要進步，是否選擇逃避，成就與否端看自己願意投入多少心力和努力，即使無法立即達到自己的階段性目標，但堅持下去必能完賽。走到終點，回頭看見自己為了跑向目標而堅持的意念，只要抱著全力以赴的想法，最終會讓原本還是初學者的你，成為讓人難以忽視的專家。

現在的專家，也曾是過去的菜鳥

日本知名馬拉松跑者關家良一，曾經連續七年奪下東吳國際超級馬拉松競賽冠軍，並保持二十四小時內競跑超過二百六十公里的紀錄長達十年。其實關家良一原本只是一位普通的機械工程師而已，二十年前為了減肥而開始慢跑，這個簡單的機緣就此開啟了他的馬拉松人生。直到現在他仍舊以工程師為正職，但他在超級馬拉松競賽的成績還是能夠維持一定的職業水準。

關家良一剛開始練跑時，還誤以為只有夏威夷的馬拉松會開放給一般民眾參加。後來他從自家附近跑起，規定自己每天下班後至少要跑十公里，直到現在，若和家人相約國內出遊，當其他人搭乘交通工具前往目的地時，他則自己「跑」到目的地。可見他確實是一位傑出的馬拉松跑者，但他原本也和一般人最初跑馬拉松的動機無異，只是過程中未曾因任何藉口輕言放棄，每一次的精進，都為他累積了今日專業馬拉松跑者的身價，甚至有許多全球知名的馬拉松爭相邀請他參賽、代言。

所以，就算你現在只是身為該工作領域的菜鳥也沒關係，想要達成什麼目標就用心去做，盡心盡力，才能對未來的自己有合理的期許。

我們時常容易否定自己，覺得自己學無所長，與多數人無異。大多數的時候，我們習慣把自己的目光聚焦在傑出的人身上，用崇拜的心情羨慕著別人。與其成天欣羨那些專家、名人之光環，不如靜下心來捫心自問：「一天當中，你實際投入多少時間在充實自己？是否對自己每天的進步感到踏實？」

如果有人問你：「你覺得自己出色嗎？」恐怕大多數人的回答都不會是肯定的。或許大部分的人都以謙遜為美德，但當我們遇到需要肯定自己的決策時，內心不免會有一點懷疑：「我這個判斷真的沒錯嗎？」、「事情會不會按照期望中發展？」許多人寧願相信別人的鼓勵和肯定，也不願相信自己的判斷。

希臘哲學家蘇格拉底臨終前曾留下一句名言：「最出色的人就是你自己。」

當蘇格拉底自覺生命已去日無多時，便告知他的親信：「我的蠟已所剩不多，必須找另一根蠟燭接著點下去。你明白我的意思嗎？」

親信趕忙回答：「我明白，一定要找到一個人將您的思想繼續傳承下去……。」

於是，蘇格拉底的親信不辭辛勞地透過各種管道開始四處尋找「最出色的繼承者」。但是他認為合適的人選，最終都被蘇格拉底委婉謝絕了。直到蘇格拉底就要告別人世之際，那位「最出色的繼承者」還是沒有出現。

他的親信淚流滿面地坐在蘇格拉底的病床邊說：「對不起，令您失望了！」

蘇格拉底慈祥地說出自己內心埋藏已久的想法：「原本我心中那個最出色的人就是你，只是你不敢相信自己，才會忽略自己的存在。其實，每個人都是最優秀的，差別只在於你能不能認識自己，發掘自己的能力。」

在我們心中，最容易忽略的就是自己，才會時常把「我沒有那樣的能力」掛在嘴邊，逃避迎向目標的過程中，所需投入的龐大心力。但如果你不願意付出，又怎麼可能拾取應得的成果呢？這就是許多人的人生之所以止步不前的緣由。

相信自己總有一天能夠從新手蛻變為專家，才會積極把握眼前的機遇，不斷挑戰自我，成為一個更出色的人。不必急著去歌頌那些已經有所成就的人，從現在開始，重視每一次的機會，即使你現在只是一個初學者，也不能以輕忽隨便的心態面對挑戰，反而要以終能成為這個領域的專家自許，一步步地跑向目標，屬於你的成就與榮耀也會隨之趨近。

人生馬拉松

Keep running!

面對賽程的挑戰，如何保持最佳的應戰心態？

1. 報名一場正式的馬拉松就是一次檢視自己平時訓練成果的機會，然而正式比賽的賽道畢竟和你平常練習的路線不同，因此在比賽之前，要盡可能地去瞭解即將面臨的實際狀況，無論是路線還是坡度起伏，事前只要盡力做好一切準備，應賽當天則平常心以對即可。

2. 起跑後，告訴自己：「經過這場實戰，我的經驗值又提高了！」一邊鼓勵自己、一邊放鬆心情，自然能回到平時輕快的步伐。

加油！

就算知道自己是鑽石，也要先用力磨出光芒

把心靜下來，將自己當成
還沒有拋磨出應有光芒的鑽石，
就能夠把所有的困境和磨難
都當成拋光的過程。

一九九九年出生於美國加州的鋼琴神童余峻承（Marc Yu），六歲時就已經舉辦過鋼琴與大提琴的個人獨奏音樂會，甚至單憑記憶就可以彈出四十多首耳熟能詳的古典音樂名曲。不過，諸如此類的天才，他們崛起的過程總是時有所聞，但為何神童成年後都未必能順利站上大人的舞台呢？

以教育聞名的美國密西根州立大學的魯特·伯恩斯坦教授認為——其實堅持不懈才是成長的關鍵。經他訪問過很多早慧的神童後得知：因受到早期經驗的扭曲，當成功來的太容易時，一旦讚美的光環褪去，或是其他競爭者開始迎頭趕上，他們很少為此情況做好準備。

此外，身為神童的父母和師長也因缺乏經驗

而抓不到施教的重點。

印第安納大學（Indiana University）的心理學家普拉（Jonathan Plucker）說：「我不曾看到有人教導這些孩子如何承擔責任，告訴他們在面對社會壓力時必須堅持不懈，以及如何看待別人的批評……等。」也就是說，人們往往只是稱讚神童多麼有天分，卻不會教導他們要如何努力才能真正成功。

因此，無論是天資聰敏或是資質駑鈍，都需要經過不間斷的努力才能真正有所成就，而人生的高峰更是永遠攀越不盡的。有時候，天資聰敏的人會因為自覺領悟力高而鬆懈；資質駑鈍的人卻因為自知不敏而加倍努力，此消彼長之下，起初資質略差的人，反而能透過勤能補拙或其他更腳踏實地的方式，最終成為某個領域的佼佼者。

面對馬拉松競賽也是如此，無論你覺得自己是一個有潛力的跑者，或是覺得自己並不擅長跑步，都不必把一時的得失看得太重，進而影響自己的舉措。就好像人生的起跑點雖然每個人都不相同，但是一開始跑在前面的人不一定就能持續領先。若是比別人先一步起跑，或是你發現自己在某個領域具有特別的天賦，反而要好好珍惜現有的優勢，再加倍持續努力，才能如願在終點取得勝利。

沒有人註定平庸

人生於世，都帶有不同的性格與才能，如果你覺得自己無論怎麼努力，始終無法突破瓶頸，往往是因為還沒有發現並利用自己的優勢，並不表示你缺乏相對的能力。

雕塑大師羅丹（Auguste Rodin）曾說過：「這個世界不是沒有美，而是缺少發現美的眼睛。」仔細尋找自己的優點，那會讓你的人生找到合適的施力點。

法國浪漫主義作家大仲馬（Alexandre Dumas）在成名之前，近乎窮困潦倒，無以維生之際，只好請父親的老朋友幫忙找工作。

父親的朋友問他：「你會做什麼？」

大仲馬略想了想便說：「我沒有什麼特別的長處。」

父親的朋友不可置信地問他：「會算數嗎？」

大仲馬皺著眉回答：「不會。」

父親的朋友又問：「懂歷史嗎？」

大仲馬幾近放棄地回答：「伯父，我什麼都不會。」

父親的朋友還是繼續問道：「那化學，或是法律呢？」

大仲馬羞愧地說：「真慚愧，我長這麼大，至今居然一無所成。現在要及時彌補恐怕為時已晚了！」

父親的朋友對他說：「可是你還是需要工作來維持生計，把你的住址留下吧！」

於是，大仲馬認真地逐字寫下住址，父親的朋友看了大仲馬的字後，高興地說：「你的字寫得很漂亮啊！」

其實大仲馬平時很喜歡寫小說，只是他從來不認為那可以成為他的終生志業。因為伯父的一句鼓勵，而開始對自己的文字能力有了微薄的信心，進而更沉浸在寫作與磨練文筆的領域裡，最終創作出足以代表當代文學的經典巨著——《基督山恩仇記》等永世流傳之作。

即使現在的你一無所長，並不代表將來的你也會一無是處。只要有足夠的努力，每個人都可以培養出自己的一技之長，也許現在你不如別人，但只要每天都能進步一點點，很快就足以超越往日的自己。

就像練跑的進程中，當你剛開始練習時，可能才跑不到一公里就氣喘如牛，隔天還會被痠痛纏身，但若持之以恆，有計畫地逐漸增加練跑的里程數，久而久之，一旦體能提升後，許多長跑完的不適感也會逐漸減輕。慢慢地，愈來愈能拋卻跑步時的身心障礙，取而代之的，是享受長跑過程中的身心充實之感。不只藉由磨練超越了前所未有的自己，也因感染這份信念，進而讓人生其他領域也能有所突破。

若你覺得自己現在沒有任何優勢，代表的僅僅只是過去的你努力還不夠，只要相信自己，讓自己逐步砥礪、不斷進步，終有一天，你也能成為一顆耀眼的鑽石。

磨練都是為了讓自己綻放光芒

美國著名黑人女作家童妮．摩里森（Toni Morrison）於西元一九九三年獲得諾貝爾文學獎的殊榮。然而她自幼家境貧困，所以從小學開始，放學後就要到有錢人家裡去做清潔工以賺取生活費。

有一天，她因為工作上遇到不順心的事而向父親抱怨了幾句，父親聽完後對她說：「聽著，妳並不是在那裡生活度日，妳的家在這裡。只管好好地工作就對了，然後把賺的錢拿回家來。」

摩里森後來回憶這一段往事，從父親的話中，她領悟到有關人生的四件事。

第一件事是：「無論什麼樣性質的工作都要好好去做，不是為了你的老闆，而是為了你自己。」

第二件事是：「好好把握工作所帶給你的益處，不要讓工作佔據你的人生。」

第三件事是：「每天真正與你相處的是家人，而我們之所以努力工作，是為了能夠好好照顧他們。」

最後一件事是：「要知道自己是誰，你和你的工作是兩碼事。」

有所體悟以後，摩里森又為各式各樣的人工作過。有的老闆很聰明，有的老闆較為愚鈍；有的主管心胸開闊，有的主管則愛斤斤計較，但是她沒有再向誰抱怨過。

如果人們一直抱著「自己資質甚高」的心態，難免流於驕傲自大，總是抱怨沒有伯樂來賞識自己這匹「千里馬」，一旦感到自己懷才不遇、有志難伸，意志就會日漸消沉，就算你真的是一顆鑽石，也因自我沉淪而隱沒於人海中。

美國通用汽車的人力資源長曾說：「我們在分析應徵者合不合適某項工作時，經常會先關注他對目前工作的態度。如果他認為自己眼前的工作很重要，用認真負責的心態去面對，就會讓我們留下很好的印象。即使他對目前的工作沒有太大興趣也沒關係，因為如果他面對不特別喜歡的工作都能用心去做，那麼自然也會用同樣的態度來對待往後的工作內容。」

如果一個人對環境、薪資都不算滿意的工作，也能用負責任的心態面對，絲毫不馬虎，那麼對於他有興趣的工作，就會更加珍惜，加倍用心。因此，不管環境如何轉變，用心做事，就能彰顯個人存在於這個社會的真正價值，也能從不計較得失的付出之中，認知自己的能力，知道自己擅長什麼，接下來的人生方向也將更加明確。

無論是面對競爭激烈的馬拉松比賽，或是人生中真實的考驗，把心靜下來，將自己當成一顆還沒有拋磨出應有光芒的鑽石，就能夠把所有的困境和磨難都當成拋光的過程。當你又落入瓶頸之時，告訴自己：「一切的磨練都是為了讓你展現過去未曾發掘的長處，進而讓自己更加發光發亮。」

人生馬拉松

Keep running！

如何在環境不如預期的境況下，也能堅持到底？

1. 眞正踏上馬拉松賽道時，總會出現意料之外的事。如果跑出來的成績不如預期，你可以試著回想自己報名參賽時的初衷，清楚爲何而跑，就不會輕易放棄了。
2. 告訴自己：「每個參賽者都和我一樣，正設法解決環境的干擾，我也不能輕易妥協。」不將自己當成唯一的受害者，更能正視困境。

加油！

看見自己的成長，而不只是成績的增長

在你看重世俗成績的同時，
小心可能也會因此失去自我。
成績只能滿足一時的虛榮心，
唯有實質的成長才能讓你受用一輩子。

許多人在跑過馬拉松後，無論是參與四公里或是半馬的比賽，都會覺得自己好像在奔跑的路程中重生了。因為我們選擇突破自己，完成了一件原本不認為自己可以做到的事。當你看見自己不同的樣貌時，就會擁有重生的活力。

即使花了很長的時間訓練自己，最終成績還是敬陪末座，但是在人生的賽道上，成績並不是決定一切的關鍵，因為透過親身踐履，你看見了自己的成長，也看見自己變得更堅強。

其實一個人現有的成就，是基於過去一段時間內努力而得來的成果，若我們能隨時拋下過去，保持不斷精進的心，才能為未來的自己鋪路，為人生開啟不同的可能。

這裡是否無法再令我成長了？

在普世的價值觀裡，人們很喜歡用成就來評論高下。多數人只想知道你的學歷和家世背景，以及現在從事什麼工作，還有工作的薪水多不多……。似乎薪水多的工作就是好工作，薪水少的工作就是能力差的人才會去做的，卻忽視了工作背後那個全心投入的自己，實際能力是否更上一層樓。

在家族聚會時，有些父母親在親戚朋友間互相比較過後，回頭還會告訴自己的孩子：「你看嬸嬸的孩子，通過高考後就在外交部上班。多好啊！一個月收入七、八萬塊，工時固定又是金飯碗，你要不要也去考考看啊？」雖然是以問句作為結尾，但言談間早已充分傳達出自己對孩子的期望，也無形中替孩子選好人生的走向了。

當然能為國家和人民服務是一件值得尊敬的事，不過人生於世的選擇有很多種，若每個人都以此為目標，即使一生安穩，這個社會或國家的競爭力卻反而會下降。

當我們還是學生的時候，個人的成績是依照老師的標準來品評，出社會後則用社會的價值水平來替一個人打分數，許多人只論成績的高低，卻忘了問自己：「現在過得開不開心？」、「是不是從事自己喜歡的行業？」或是「每一天的自己有沒有比昨天更好？」即使在校時成績斐然，出社會後收入頗豐，若無法打從心裡認可自己，幸福也不見得真能與成就相伴而來。

愛迪生在發明電燈之前，曾經為此做過一千多次的實驗，如果他在前幾次的實驗中，因為沒有得到足以讓世人認可的結果，就放棄繼續實驗，那麼電燈的發明或許還會再晚好幾百年。當年，人們問他實驗有什麼進展的時候，他僅回答：「今天我又證明了一種材料不能做燈絲！」這樣的心態不正是我們需要學習的嗎？

歷史上許多創下豐功偉業的英雄、名人，並不是一開始就受到大眾的矚目，他們往往在自己選擇的領域中沉潛了很長一段時間，才逐漸一展長才。如果他們不能專注於自身能力是否確實成長，反而每天關注自己在別人眼中的演出是否能獲得掌聲，看重世俗成績的同時，可能也會因此失去自我，甚至是扭曲正確評價自我的方式，最後流於泛泛之輩。

因此，在努力的過程中，只要確認自己每天都已學到新的東西，增加新的經驗就足矣。每夜入睡以前，你可以問自己：「我今天學到了什麼從前不會的東西？嘗試了什麼從前沒有做過的事？」以肯定自己的進展，藉此鼓勵自己成為人生目標的支持者與見證者，即使沒有旁人的背書、外界的支援，依舊能義無反顧地邁步向前，持續投入於有興趣的領域中。

有位研究生因為一直覺得老師不看重他，從不把重要的實驗交給他做，為此覺得委屈，決定不再繼續跟著這個老師做研究。當朋友聽到他要離開的消息，便問他：「就這樣走了嗎？你不想好好報復他嗎？對於這樣的老師，你只要吸取他所有的經驗和實驗技巧，一旦時機對了，你可以取代他的地位，這就是對他最好的報復！」

聽後，研究生也覺得言之有理，於是就留在老師的身邊，用心做好每一件事，把所有自己原本不懂的相關知識都學會了。

兩年過後，某次聚會時，朋友問他：「現在你還想離開嗎？」

那位研究生告訴他：「感謝你當初勸阻我，後來老師覺得我很上進，兩年內就學會獨當一面，現在老師十分器重我，什麼研究都要我負責執行。」其實這就是那位朋友原本的用意。

如果你一直抗拒比較有難度的挑戰，只喜愛穩定安逸的生活，那麼近期的自己當然不會有太大的變化，甚至可以看見五年後的自己依舊停留於此的模樣。但只要你每天都有一點點長足的改變，幾年後就有可能變成自己心目中理想的模樣。

愛因斯坦曾說：「宇宙間最大的能量就是複利。」

因為你過去的每一分努力都會成為自身價值（本金）的一部分，並持續和接下來的努力互相加乘。其實複利就和我們的人生一樣，雖然初入社會時，你的經歷不具有什麼份量，但只要埋首於專業領域，並且不斷鑽研，終有一日你會在某個領域裡變得無比重要。

因此，當我們猶豫是否要繼續在一個領域深耕，或是想要轉換到不同的領域時，首先要問自己的是：「待在這裡是不是真的無法再令我成長了？」

而不是問自己：「我能不能在這裡賺到更多的錢？」

因為急功近利的心態，不但會讓自己因一時看不見利得而心生焦慮，進而打亂累積成長的步調，即使一天結束後也未必能肯定自己今日的付出，讓內心更感空虛。

一旦停止思考，也就停止提升

那麼我們該如何在競賽時，不是關心自己的名次是否前進，而讓自己在任何一種人生賽道上，皆能擁有突破的斬獲呢？面對變化莫測的未來我們雖要有勇氣，更要有謀略。有勇氣的人敢於嘗試不同的新事物；有謀略的人會不斷審視自己現在的處境，並思考透過何種想法、作法才能讓自己變得更加得心應手。

每個人都有一套獨特的思考方式，可是每種方式的效率和效度都不相同，有的人想出來的做事方法總是勞而少功，花了很多時間，最後卻發覺自己搞錯方向、白費功夫；而那些不斷吸收知識、嘗試改進自己處事方式的人，總是可以在最短的時間內突飛猛進，因為他早已掌握了解決問題的訣竅。如果你一直辛勤耕耘，卻無法獲得相對的回饋，那就要回過頭來想一想——是不是自己一直用錯方法了？

有一天，愛因斯坦受邀至一所大學演講。途中，他的司機開玩笑地說：「教授，你時常在前往會場的路途中準備演講，我聽你的演說內容已不下百次，現在已經可以一字不漏地背出來了。」

聞此，愛因斯坦十分開心地說：「太好了！我昨天做了一整天的實驗，幾乎沒有休息，現在真的很累。邀請我來演講的單位從來沒有看過我本人，不然你代替我上台，我來扮演司機好了。」

當天晚上，司機果真站上講台，針對愛因斯坦一貫的演說內容侃侃而談，讓在場的人無不露出十分敬佩的表情。但是，當演講進入尾聲時，忽然有一位科學家問了一個較為深入的專業性問題，司機當然無法回答，眼見在場的聽眾都引頸期盼他的答覆，連在台下聆聽的愛因斯坦也為他捏了一把冷汗。

這時，出乎意料之外的是，司機不慌不忙地搖頭說：「年輕人，這個簡單的問題連我的司機都知道答案。」接下來，司機緩緩走下講台，邀請愛因斯坦上台來回答問題。

這位急中生智的司機，不僅平時細心留意愛因斯坦的演講內容，上台之時毫無懼色，遭遇困難還能不慌不忙地應對，才是真正將大師演講時的知識與風範融會貫通，並把握機會，送給自己的人生與眾不同的一次體驗。而你，是否還在日復一日的工作中，空洞地抱怨自己缺乏一展長才的舞台？仔細檢討，是不是自己平時就不懂得珍惜那些歷練型的任務呢？

所以，即使你一直依靠著埋頭苦讀來學習，還是必須動腦思考，學會用自己的方式來解決問題。因為再好的想法都需要親身實踐，才能真正轉化為個人的生命經驗。

就像故事中的司機一樣，雖然他只是愛因斯坦的司機，但他並不妄自菲薄，甚至懂得抓緊時機毛遂自薦，如果像俗語所言：「晚上想了千條路，早上還是走舊路！」那就很難跨出自我設限，更難以落實心中的藍圖。因此我們不僅要勤於思考，更要勇於嘗試，才能擁有不同以往的表現。

美國摩根財團的創始人摩根，出身相當平凡，過去只是個靠賣雞蛋維生的小販。但是聰明的摩根善於觀察，他發現來客總是比較喜歡向妻子買雞蛋，當他獨自做生意時，卻乏人問津，他不禁好奇起其中的原由。

經過一段時間的觀察，摩根才發覺原來是因為視覺誤差的關係，使自己寬闊手掌中的雞蛋看起來比較小。於是他立即改變自己賣雞蛋的方法，他用一個小盤子來裝雞蛋，當天銷售的情況果然立刻好轉。然而摩根並沒有止步於此，他想：既然視覺誤差能夠影響雞蛋的銷售，那麼涉及各種層面的銷售學問就更大了。於是他對心理學、經營學和管理學等進行了深入的瞭解，並加以統合性的思考，悟出了經營與理財之道，最終促成摩根財團的誕生。

即使面對眼前的疑問，我們沒有十足的把握，依舊要勇敢嘗試，就算初始的想法並不是那麼完善，但在這個過程中，還是可以不斷找出應該改進的地方，進而認識自己的思慮與做事方法的不足，然後試著改善現況。

雖然追求成就的途中，無法從頭到尾都進展得如你預期般順利，更不可能不需經過屢次的嘗試與修正就能輕鬆達成目標。但如果因為質疑自己是否有克服問題的能力，一直囿限於過往的見識，不敢踏出已知的範疇，那麼就只好在人生中默默地原地踏步，這是出於個人的選擇，任何人也幫不了你。

即使勇於不斷挑戰極限的人，還是會有遇到瓶頸的時候，但這並不代表你的努力付諸流水。就像煮開水一樣，要加熱到一百度才會沸騰，從常溫到九十九度的水面上，看起來幾乎沒有什麼差別。因此無論是求學或是練跑，都要不斷累積實力、提升自己，不要因為一時的成績不理想而放棄。成績終究只能滿足一時的虛榮心，唯有實質的成長才能讓你受用一輩子。

人生馬拉松

Keep running！

如何訓練身心狀態，讓自己確實成長？

1. 跑馬拉松不僅是鍛鍊身體而已，更能磨練意志力，在反覆的練跑過程中，逐步增加自己的實力。與其期盼自己一下子就能有飛越性的進步，不如讓自己紮實地踏出每一個步伐。
2. 一個人進步或是退步的評定標準不只是成績，評估身心成長與否在於自己是否更能承受「磨練」的過程，急著看見成果才是真正的「揠苗助長」。

加油！

不跑的理由太多，
跑下去的理由很少

沒有任何一種堅持會讓你失去什麼，
只會讓你得到更多，
只有不懂堅持，
才會使你在人生的旅途之中原地踏步。

即使有心維持晨跑的運動習慣，你是不是也常常在一大早的時候跟棉被展開一場拉鋸戰，或許你會想著：我一天沒跑沒有關係，而且天氣不是很好，等一下我還要開會，或是還要考試……讓各式各樣的理由絆住你。或許你打從心裡覺得沒跑，人生不會因此就缺少了什麼，所以總是不能持之以恆。

其實人生中很多事情都是殊途同歸，自己想做的事不需要很多理由，就能馬上行動；對於自己不想做的事，總是有各種藉口可以拖住你的腳步。然而人生決定性的分歧往往就根源於當初那些不為什麼而執著的執著。

珍惜那些「發自內心」的理由

村上春樹為人所熟知的身分是一位小說家，但他其實也是一位馬拉松跑者。村上春樹三十三歲那一年因為戒菸而變胖，為了減肥，他開始跨出慢跑的第一步。從那之後，慢跑就成為他每天規律生活的一部分。後來村上春樹還跑完雅典的全程馬拉松，也參加過波士頓的路跑賽，平常每天練習幾乎都能跑十公里以上，對他而言，跑馬拉松甚至比得諾貝爾文學獎還重要。

二〇〇七年，村上春樹寫了一本書《關於跑步，我說的其實是……》，書中收錄了他二十五年以來的跑步心得。他在書中談到，如果可以選擇自己的墓誌銘，他希望上面寫著：「作家也是跑者，至少到最後都沒有用走的。」

今年已年屆六十五歲的村上春樹，其跑步的年資已經快要到達歲數的二分之一，依舊每年至少參加一場馬拉松。他印象最深刻的慢跑經驗是於一九八四年曾和作家約翰・厄文（John Irving）在中央公園一起跑步。

那時候，因為村上春樹正在翻譯約翰·厄文的第一本小說《放熊》，所以打算從日本飛到紐約去採訪他，沒想到厄文的回覆卻是：「我很忙，抽不出時間，但我每天早晨會在中央公園慢跑，如果你願意一起跑的話，就可以談。」

於是，他就這樣和約翰·厄文一邊慢跑、一邊進行訪談，雖然沒有辦法錄音，一路奔跑也不能做筆記，但是兩個人在中央公園清爽的空氣之中並肩慢跑的回憶卻讓他回味無窮。

對於跑步，他的信念是——一旦跑起來就不能因為累而中途停下，就算用爬的都得想辦法回家。他的經驗談，並不只是空口說白話，而是一直以來對於跑步的執著所悟出的心得。

在書中，村上春樹更進一步談到：「日常的跑步對我來說，就像生命線一樣的東西，不能因為忙就省略，或停跑。如果因為忙就停，一定會變成終身都沒法跑了。因為繼續跑的理由很少，停跑的理由則有一卡車那麼多，我們能做的，只有把那『很少的理由』一一珍惜地繼續磨亮。一找到機會，就勤快而周到地繼續磨。」

我們的內心常會為自己設置非常多的障礙，從而讓自己一生都在掙扎當中度過。有時候學會征服自己，比戰勝對手更加困難。所以，不要先急著想要打敗別人，如果你能夠讓自己每天堅持做同一件事而不懈怠，一旦卸下固執和懶惰，自己就會開始蛻變，因為你跨越了自己設下的藩籬，這樣的改變，比任何一種競爭都更有意義。

所以，要學會珍惜生活當中那些看起很微不足道的堅持，如果能夠持續不斷地做下去，那也是人生中的一種成就，而且你也會在這些過程中體悟到人生的心得，就好像村上春樹一樣。

畢竟沒有任何一種堅持會讓你失去什麼，只會讓你得到更多，只有不懂堅持，才會使你在人生的旅途上原地踏步。

就好像一個飲料廣告的台詞中說的：「不做不會怎樣，但是做了會很不一樣。」仔細去實踐人生中那些彷佛可有可無的成就，有時候就是那些原本看似「無足輕重」的理由與歷練逆轉了你的一生。

每一分鐘都是人生的一部分

美國知名花式溜冰運動員漢米爾頓（Scott Hamilton）的母親是一個普通的中學老師，但她非常珍惜時間，總是抓緊課堂之外的每一分鐘刻苦自學，後來她成為一所大學的副教授。

她經常對漢米爾頓說：「上天給你的生命不過是由許多分鐘組合而成，其實非常有限。從出生的那一刻開始，你的時間就只有那麼多，因此你必須要好好利用每一分鐘，不可以輕易浪費。」

在自己的人生中，我們每天都可以自由選擇如何分配時間，可以把時間消磨在休閒玩樂裡，也可以把時間用在練習或是鑽研某個領域的知識或是技藝。漢米爾頓受到母親的影響，懂得抓緊每一次的訓練時間，終於用他辛勤的汗水，換得相應的回報。他在一九八一年至一九八四年間連續四次獲得世界男單花式溜冰錦標賽冠軍，也在一九八四年第十四屆冬季奧運會中奪得金牌。

每個人的成長歷程都有不同的艱難之處，有的人家境不好，沒有資源可以供他上學；有些人家境小康，卻對未來感到茫然。或許你覺得自己的人生很不順遂，看著周遭的朋友、同事，他們現在的處境好像都比自己的現況好，然而人生過得是好是壞，有時候並非可以輕易定論的。只有選擇珍惜有限的時間，踏實地應用每分每秒，才是真正能讓自己蛻變的方式。

有時候，你會覺得那些被稱之為「偉大」的人，他們的貢獻好像很理所當然，因為他的歷程一直是朝著造就一個不凡的人生而前進的。但是人之所以偉大，並非天生註定，而是因為他比別人更願意多珍惜時間一些、多堅持一點自己的目標，或是比你更能克服人性的弱點而已。

就好像近幾年諾貝爾文學獎的熱門候選人村上春樹一樣，他原本也只是一個愛看翻譯小說的咖啡店老闆而已，之所以現在能夠成為享譽國際的名作家，也是因為成名前他透過持續不間斷地創作，讓作品有機會問世，再逐步累積自己出版的成果。然而就是那一點點有別於他人的思維和行動，造就了今日他與你之間的差距。

面對人生的賽事或其他的目標，如果你不知道如何才能增加一點抗壓性、一些意志力，或原始性格中尚未被激發的其他美好潛能。試著認真地為自己跑一次馬拉松（僅是一次為自己而跑的體驗也好），或是馬上去學一件你早就嚮往以久，卻遲遲未做的事，對人生或許是一個不錯的開始……。

人生馬拉松

Keep running！

如何戰勝自己無法持之以恆的心魔？

1. 如果想持之以恆地實踐一個想法或是目標，你可以試著找一位志趣相投的夥伴，或是加入一個相關性質的社團，在相互激勵的無形羈絆之下，減少想要懈怠的可能。
2. 只要給自己一點有趣的理由，就可以幫助你一直持續下去。如果工作的地點離家裡約莫五公里以內，你可以試著下班以後跑步或散步回家，不僅省下通勤的費用，更能換得健康的身體。

加油！

你只需要比別人多相信自己一點

你願意相信自己的那份本心，
也將感染到身旁的每一個人，
讓有相同理念的人自然與你站在一起，
成為你人生的後盾，成就自然水到渠成。

人生中大多數的時候你無法順利達成某個目標，並不是你沒有相應的能力，而是你不相信自己可以做到。

在舉辦國際賽事期間，我們時常會聽到某一位運動員的成績打破世界紀錄，就好像參加超級馬拉松競賽的那些跑者，他們在限定時間內達成的里程數，時常讓人難以置信。

其實，只要是別人可以做得到的事，你也能發揮出同樣能量的潛力，差別只在於你想不想做、會將這份能力發揮在哪個領域，而不是你能不能做的問題。

許多人會因為看到朋友在跑步就跟著一起跑，把跑步視為一種交際的方式。無論我們做什麼事情，心態最重要，如果你只是將跑步視為一種工具，那麼你未必會一直跑下去，因為一時的目標達成了就失去再投入的動力，這時運動自然不能為你的人生帶來什麼改變。

如果你想要什麼結局，就要往那個方向走，這是所有人都知道的道理，然而大部分的人仍舊選擇盲目、隨眾地走著，因為他們不相信自己擁有影響人生結局的能力。如果你不能相信自己，再多的機緣出現在你的眼前，最終也無法把握。

有個人祈禱上帝可以讓他從船難中生存，不過當有一艘船從他的面前經過時，他卻不選擇求救，反而認為上帝會為他帶來奇蹟。最後在孤立無援的情形之下，還責怪上帝沒有回應他的需求。一味把自己的人生寄託在他人或命運的力量中，而不選擇相信自己與生俱來的能力，這樣的人即使遇見上帝也莫可奈何。

專注聆聽自己內心中的聲音

第二次世界大戰時期，德國科學家曾經為了執行希特勒下達的命令，而做了一項殘忍的心理實驗。

他們抓來一個俘虜，然後明白地告訴他，科學家們想要在他身上做一項實驗。實驗過程中，他們會在俘虜的手腕上用刀劃開一處傷口，然後看著他的血慢慢流光會有什麼樣的生理反應。

當科學家把這位戰俘綁在實驗室的手術台上，再用黑布蒙住他的眼睛，然後取出一塊薄冰在他的手腕上劃了一下。同時，科學家也在戰俘的手腕邊吊了一瓶點滴，瓶中的水溫和人體血液的溫度差不多，並將點滴的管子黏在戰俘的手腕上，瓶中的水就順著他的手腕慢慢地滴下來，順勢滴進一個鐵桶中。

當戰俘聽著鐵桶中發出滴滴答答的水聲時，他以為那是自己的血。事實上，他只是毫髮無傷地躺在手術台上，被蒙蔽雙眼的恐懼讓他認為死神正一步步逼近。

但是幾個小時過去後，這個戰俘卻因為相信自己被大量放血，而失去求生的意志，最後竟然真的死了。

對於人生而言，最重要的力量莫過於「相信自己」。選擇相信自己，就能左右真實的現況，也因為相信自己，所以在摸索的過程中會漸漸清楚自己想要做什麼，更看清自己執行的方向和心中理想的未來是否相關。如果低估信念的力量，就容易失去求勝的能量。

當你站在歧路的交叉口時，為了釐清人生前進的方向時，你可以問自己：「你的人生是建立在何種信念之上？」因為信念可以幫助你找到正確的人生方向。如果你能專注於聆聽自己心中的聲音，一旦穩健走向目標之際，也會進而肯定自己的決策，同時提升對自我的信心。

處在這個來不及作夢的年代，懂得為自己的將來規劃一個明確的目標，是每個人都必須要具備的意識，不要光聽到耳邊各式各樣的雜音，而要仔細去聽自己內心中的聲音，相信自己一定可以開闢出一條只屬於自己的人生道路。

別人能做的事，你也做得到

國際知名品牌雅芳（AVON）百年歷史上第一位華裔的女性首席執行長鍾彬嫻，

她的母親非常優秀，年輕時曾經就讀於加拿大的多倫多大學，在當時主修化學的系所中，她是唯一的女生。

鐘彬嫻的母親也希望女兒像她一樣，可以擁有自主而獨立的思想。因此，她時常教導鐘彬嫻：「男生能做的事，女生絕對都能做。透過努力，女人無論在什麼領域都能獲得不凡的成就。」

鐘彬嫻記住了母親的這句話。在雅芳擔任執行長任內，她領導整個公司成長茁壯。二〇〇四年，獲選為美國《財富》雜誌世界前五百強企業中的六位女總裁之一；二〇一〇年，她更受邀成為美國蘋果公司的聯合首席董事，以取代被認為是賈伯斯（Steve Jobs）親信的前蘋果行銷主管坎貝爾（Bill Campbell）。

當然，在人生奮鬥的道路上，鐘彬嫻也曾遇過無數的困難與阻力，也時常因為她的性別和年紀而受到輕視。但是她的母親無論是對自己、對女兒和對所有的女性都抱持著信心，無論何時都在背後支持著鐘彬嫻。因而她十分慶幸自己能夠擁有這樣一位無懼的母親，自幼賦予她的信念帶領鐘彬嫻走過無數的難關，抵達人生中許多人都難以企及之處。

所以，不要把自己人生的主控權交到無關緊要的人手上，別人怎麼說並不足以影響你的選擇和做法，只有你的內心會因為他人的言行而動搖。就像當你在進行馬拉松接力賽之際，絕對不可能把手中的棒次輕易交給別人，而會堅定地緊握著，直到抵達階段性的目標為止。

如果鐘彬嫻不相信自己、不相信母親的教導，而受到當時整個社會對女性在職場的歧視和壓迫的影響，那麼今日的她就不會有機會立足於全世界百大品牌之首的蘋果公司，而只能成為一般傳統且保守的女性。

因此，我們可以確信的是，一個人的成就並不會因為性別和年齡而有所不同，如果總是將某些與生俱來的限制當成自己無法成就的藉口，那麼連自己都不願意相信自己的人，自然難以得到別人的信任，進而斷送了獲得他人或外界伸出援手的契機。

相反地，如果在任何境況之外，我們都能秉持著一生的信念、無畏地實踐，那麼願意相信自己的那份本心，也將感染到身旁的每一個人，讓有相同理念的人自然與你站在一起，成為你人生的後盾。當有更多人願意為了同一個目標共同努力之時，成就自是水到渠成，不假外求，只看你願不願意在跟隨他人的信念之前，優先把自己交給自己。

人生馬拉松

Keep running！

當外界與你的想法背道而馳時，你要如何堅信自己？

1. 當你遭遇到外界的阻礙時，把專注力放在自己的信念之上，讓內心帶領你走出眾人嘈雜的意見，因爲沒有人可以爲你的決定負責。

2. 在這個世界上每個人都有自己生存利益的考量，因此總是想要影響別人做出對自己較有利的決定。所以在做決定之前，要先權衡實際的得失，以及是否符合你的核心價值，那麼就不會輕易因他人一句耳語左右了自己一生的走向。

加油！

現在跨出去的每一步 都是改變的開始

如果你現在做的事值得你為此付出一切，
就付諸實行到淋漓盡致為止，
才能讓所有的努力化為希望的種子，
讓人生開始朝向目標轉動。

也許你從不認為自己手邊正在從事的工作，或是投入的興趣有多重要，不過是為了其他更現實的原因；事實上，你所跨出的每一步都是改變人生的力量，只是這股力量，還在不斷累積他的影響力而已。就好像會帶來大量降雨和強烈風力的颱風一樣，一開始不過是個位在赤道附近的熱帶性低氣壓，經過在海上不斷地盤旋，不斷地蓄積能量，才能成為一個讓人聞風喪膽的威脅。

因此，無論你正待執行的事輕重與否，認真且確實去做才是最重要的。人生的時間有限，不必把時間浪費在懷疑和猶豫之上，最好全都用在有益處的地方，就算別人不見得看好也無妨，因為並不是每個人都能看見某些夢想的價值，若想要豐收碩大甜美的果實，確實值得用時間去經營、去等待，直到你確實看見夢想開始閃耀著微光。

值得做的事情，就得把它做好

美國人最信任的電視主播華特．克朗凱（Walter Leland Cronkite, Jr）從很小的時候就對新聞工作產生興趣，在中學的時候就已成為校刊《校園新聞》的一位記者。

當時，休士頓一家報社的新聞編輯弗雷德．伯尼，每週都會到克朗凱的學校講授一堂與新聞報導相關的課程，並指導《校園新聞》的編輯工作。

有一次，克朗凱負責採訪校內的田徑教練卡普．哈丁，並且必須要交一篇人物側寫的相關報導。由於當天同學舉辦了一場生日聚會，縱情於玩樂之餘，無暇仔細訪問哈丁，克朗凱只好敷衍地寫了一篇新聞稿交出去。

隔天，弗雷德把克朗凱叫到辦公室，並指著那篇文章斥責道：「克朗凱，這篇文章根本文不對題，你沒有問哈丁該問的問題，也沒有對他做全面的報導，你甚至沒有弄清楚哈丁到底是做什麼的！」

接著，弗雷德對克朗凱說了一句影響他一生的話：「克朗凱，你要記住，如果有什麼事情值得你去付出，那麼無論如何都得把他做好。」這句話令克朗凱終生難忘。

一九六二年，克朗凱正式出任晚間新聞主播，此後近二十年間與美國人共同經歷前總統甘迺迪遇刺、人類登陸月球到越戰等無數重大事件。克朗凱對於新聞工作的熱誠與認真，讓他主播的晚間新聞收視率居高不下，當時每晚有多達一千八百萬個家庭固定收看，期間更多次被評選為「最受信賴的人」，支持度甚至遙遙領先許多政治人物。二〇〇九年，克朗凱在紐約自宅過世，他對新聞事業的付出和成就，被美國總統歐巴馬譽為「在無常世界中的可靠聲音」。

偌大的世界中，有許多人明明知道自己的職志是什麼，卻迫於各種因素而無法實行，可能是家境貧困需要為現實謀生，或是遭到家人強烈的反對。例如：有些孩子想要讀文科，父母卻覺得唸理科以後才有出路，使他們無法順心遂意地去做自己想做的事。因此，如果你現在做的事正值得你為此付出一切代價，就付諸實行到淋漓盡致為止，才能讓所有的努力化為希望的種子，讓人生開始朝向目標轉動。

人生的轉捩點需要自己去尋找

在一生當中，人總會遇到數次改變自己命運的機會，也許是與友人間一次不經意的交談而有所領悟，也可能不過是出自一個微不足道的想法。總之，會有那麼一次偶然，命運的軌跡會讓你就此朝著完全不同的方向行駛。很多人都認為這就是難以掌握的命運，但其實除了無法預測的因素之外，機緣會出現在每個人面前，只有準備好的人才能夠辨識並緊緊抓住他。若你的人生還在摸索的階段，仍舊可以積極去找尋生命中的轉捩點。有時候人生就像一座迷宮，出口其實就在附近，但唯有找到屬於你的那個轉角，才能順利走出去。

大多數時候，人都很容易在眾多的死角中迷失自己，不過你必須明瞭自己以前走過的那些路，都不會是冤枉路，如果你沒有嘗試進去過那些死巷，怎麼知道哪一條路才能通往自己的目標呢？只是別在重複的道路間繞來繞去就好，那會讓你以為自己走了很長的路，已經擁有許多豐富的經驗，其實從人生的高處望下去，你只是在原地徘徊、浪費時間而已。

每個人選擇的路不相同，出口自然也不一樣。當眾人擠破頭，只為了能夠爭取到同一個機會的時候，對你而言，說不定這是一個陷阱，讓原本專屬於自己的機會反而隱沒在人海中。

一位老農夫把餵牛的草料鏟到一間小茅屋的屋簷上，鄰居甚感不解，於是就問他說：「為什麼不把草放在地上讓牛吃？」

老農夫說：「這種草料品質不好，我要是放在地上，牛兒就不屑一顧；如果我放到讓牠們必須抬頭才勉強吃得到的屋簷上，牠們就會努力去吃，直到把草料全部吃光為止。」

不可否認的是，很多時候，我們就像那群牛，總覺得強求得來的才是最好的，因此一遇到機會就盲目爭取，也從未思考到底是否合適自己，最後卻選擇了一條離自己出口更遠的路。其實抓住適合自己的機遇一點都不難，不必過度兢兢業業，只要在該領域不斷下足功夫，並適時地展現自己的實力，因為讓別人看見你的才華也是積極創造機緣的方式之一。

記得幼時初學走路，第一步總是最難邁出的，但跨出第一步之後，反而讓我們有更多機會去探索寬廣的世界。而站在同樣的起跑點上，勇敢跨出第一步的人，更能率先掌握領先的主動權，如果你覺得至今的人生還未遇到任何轉變的契機，試著為自己勇敢一次，扭轉人生的命運之輪也將為你重新啟動！

人生馬拉松

Keep running!

面對目標，如何跨出第一步？

1 有時候想得過多，反而無法跨出第一步，但是面對從未做過的事，我們難免會不知所措，因此你可以試著參考別人過去的相關經驗。雖然每一個人的體會不同，但是別人的經歷總是有能夠引以爲鑑之處，可以讓你避免再走一次冤枉路，也讓自己瞭解之後可能會面臨到的問題。

2 看準目標，一次只走一步路，就能讓你產生「如果繼續走下去，不知道會怎樣」的想法，用好奇心驅動著自己不斷向前進。

加油！

Chapter

2

最真實的人生競賽，沒有規則

★ 離開舒適的巢穴，才能學會自己飛 ★

★ 做一件有趣的事，不會只有快樂 ★

★ 其實現有的路都是前人跑出來的 ★

★ 學會配速，設定自己的節奏 ★

★ 碰壁的時候，要記得你還可以轉彎 ★

★ 邁開步伐跑下去，讓人生不設限 ★

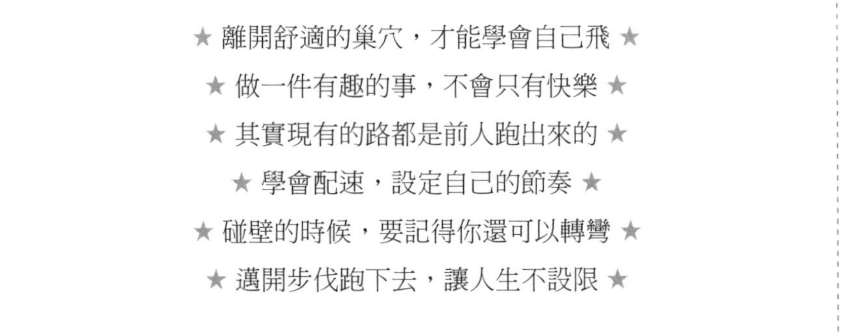

離開舒適的巢穴，才能學會自己飛

不要害怕開發內在的潛能，
只要努力，
就無需擔憂改變後的人生發展，
因為這輩子的使命就是活出最好的自己。

當你開始新的一天，卻沒有明確的工作目標或當天的行程表，是否會有一種手足無措的感覺？就如同在參加馬拉松賽事時，若是途中沒有「加油！距離終點只剩三公里」的標示，就會因為不瞭解自己目前在賽程上的進度，而愈跑愈疲倦、愈感無力，這就是生活中我們為什麼如此看重「下一個目標」的原因。

如果你覺得現在的生活一切都在自己的掌握之中，所有分內的事都可以處理得很妥貼，不管是今天或是明天，只要維持現況就能安然以對。然而，處在一個缺乏挑戰的地方，也就意味著明天的你和今天的你並沒有什麼進展。不如鎖定自己的優勢或試著走出習慣已久的生活圈，找到下一個想要達成的目標，尋回在人生路途上前進的動力。

你也有翅膀，不必羨慕別人會飛

每個人與生俱來都有自己專屬的特長，有的人擅長記憶，連過去十年內經歷的大小事都記得很清楚；有的人對語言特別有天分，只要用半年的時間，就可以達到普通人學習數年的程度。但是大部分人的專長較為隱性，或許連自己也尚未發覺，因此總覺得自己並不特出。或者是把自己與眾不同的地方看成缺點，急著想要透過外力強加掩飾，然而或許就是這樣特別的你，才能擁有出眾的表現，有時候缺陷反倒是成就你的關鍵。

萊索．瓊絲（Leisel Marie Jones）兩歲時，就在母親的鼓勵之下學習游泳，後來年僅十四歲的她，在雪梨奧運一百公尺蛙式項目中拔得頭籌，從此成為泳壇注目的焦點。往後的賽事，她都有十分亮眼的表現，甚至屢屢打破世界紀錄。

但在瓊絲世界冠軍光環的背後，其實有一段曲折的經歷。從小瓊絲就有膝蓋內彎的問題，導致她站立時雙腿會自然呈現X的形狀，在她十歲的時候甚至曾經與母親商量，考慮動手術來矯正腿形，但是術後的雙腿就不能再像過去盡情地游泳。幾經思慮後，瓊絲還是無法放下對游泳的熱愛，只好放棄開刀的念頭。隨著年紀漸長，她發現自己的腿形在游蛙式時，不僅比別人容易施力，就連踢水的力道也比別人更強勁。想不到這雙一度讓她想要動刀矯正的腿，最後竟然成為她在蛙式項目中勝出的關鍵。

萊索·瓊絲並未因為自己先天的缺陷而怨天尤人，反而將她的缺點轉化為優點，為自己獨一無二的特色找到合適發展的舞台。

相較之下，大多數人總是喜歡把目光的焦點集中在自己的缺點之上，因此花費很多的時間與精力試著讓自己成為想像中那個完美的人。

在人生各個階段，我們也常會試圖尋找某些值得追隨的典範，希冀著自己有一天也能擁有那樣的特質、那樣的生活，卻未曾認真思考過，這樣的要求是否真的適合自己？等到發現自己即使成為類似的樣板也無法真心地感到幸福時，卻為時已晚，這才發現原來強摘的瓜既苦又澀。

既然如此，何不試著與自己天生的條件和平共處，並學會掌握個人的優勢與劣勢，讓優勢更加突出，把劣勢轉化為特色，才能找到真正讓自己大放異彩的領域。

如同萊索．瓊絲，或是英國星光大道出身的蘇珊大嬸，他們今日的成就，並非是在別人眼中尋找自己的倒影，而是比任何人都更加善用自身的特質，因此成為了獨一無二的存在，彰顯了不同生命的光輝。

其實每個人都具有跨出舒適區的條件，只是你不相信自己可以，或是沒有邁出第一步的動力而已。所以只要找到一個能讓自己安然自適的地方，很容易就會傾向於保持現況，深怕出現任何的改變，自己會無法承受。

因此許多人年歲漸長後，寧可拋下從前那些天馬行空的想像，只要求現在可以安然度日就好。可是這樣的日子，並不見得能讓你感到滿足、充實，看著別人勇於跨越恐懼去追求理想，心中欣羨的同時，卻又告訴自己不要多做他想。其實人生只有一次，如果不能用自己想要的方式痛痛快快地活一次，那不是很可惜嗎？

也許你擁有很好的能力，卻往往在還來不及發掘之前，就被自己的畏懼與旁人的阻攔扼殺了發展的前景。

以下的實驗，可以讓你更清楚地了解——能否順利達成一件事情，與你的心智如何操控、傳遞給自己的訊息是正面抑或負面，有著極大的關係。

心理學家為了深入瞭解人們的心理對生理的影響，而設計出以下實驗。他們精心挑選了兩組運動員為對照組，要求他們完成同樣特定的動作，並在事前就向他們保證一定能輕鬆勝任。

即使如此，第一組運動員嘗試幾次指定動作後，還是無法順利通過測驗。

就在第二組運動員即將開始檢測之前，心理學家先向他們宣告前一組的運動員都未能通過測試的結果。接下來，心理學家遞給每個人一顆藥丸，並說：

「但你們不同。這是一種新藥，可以為你們帶來很大的幫助。」

結果第二組的運動員全都順利完成檢測。

後來，好奇的運動員問心理學家：「教授，那個藥丸也太神奇了吧！到底裡面含有什麼特殊的成份？」

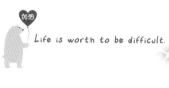

心理學家一派輕鬆地回答：「其實那些只是普通的維他命而已。」

因此，不要輕易低估自己的價值，害怕開發內在的潛能，只要努力，就無需擔憂改變後的人生發展，因為這輩子你的使命就是活出最好的自己。

用自己的方式跑出最好的成績

平時，你是否也傾向於跟隨著社會潮流的步伐，思考方式也習慣依賴大眾的意見，甚至最後害怕自己跟不上眾人前進的速度而進退失據？

雖然成為特立獨行的人不見得能受到眾人認可，但若能成為一個擁有獨立思考的人，確實更有破舊立新、再創經典的可能，而不只是複製前人、眾人的經驗。而且，選擇離開跟隨群眾的隊伍，往往才能見識到自己真正的實力。

若一味盲目地追隨潮流，就好像追求流行時尚一樣，都只能成為一個時期的風潮，遲早會隨著時間的流逝而顯得無比滑稽。例如：二十幾年前女性的流行服飾，都會在衣服的兩個肩線處加上墊肩，隨著時間的推移，附上墊肩的衣服現在反而看起來很落伍。因為現代的剪裁工法更為細緻，只要稍加調整肩線的比例，利用更先進的合成布料，就能讓外套與襯衫呈現出自然挺立的身形，這也是經過後人不斷研發與創新的成果，才能讓復古與新穎的設計皆能在時尚界大行其道。而結合守成與創新的元素，正是讓每個時代的潮流皆有其獨特風格的根源，同時也是讓一個人不斷提升的精神法則。

國際知名品牌的靈魂人物香奈兒女士曾言：「流行無時無刻在改變，唯有風格經得起考驗。」她鼓勵人們要穿出自己獨有的風格，而不是盲目追求流行時尚。

猶如蘋果公司的創辦人賈伯斯，他擁有許多令人津津樂道的事蹟，其中最令人印象深刻的就是他在介紹新產品時，總是有別於一般商務人士西裝筆挺的模樣，而喜歡穿著一件黑色高領衫和一條簡單的牛仔褲，作為他在新品發表會時的標準打扮。

在普遍的認知中，牛仔褲並非正式場合的穿著選項，然而這樣的形象後來卻成為賈伯斯的個人特色，甚至還引起一股模仿的風潮。因此，對於人生而言，你擁有什麼樣的社經地位？你擁有什麼樣的學經背景？這些常見的疑問並不是人生的重點，關鍵在於——這一生你是否如實活出自己？你的行事作風與一生貢獻是否曾為自己的家庭、為自己的國家、為這個社會留下些美好且難以取代的價值？

如果你對以上的使命尚有缺憾，別再畏懼世俗眼光，勇於做夢更要勇敢實現，邊跑邊將帶有你人生信念的種子散播出去，讓他在自己與他人的心中生根發芽，你再也不必擔憂別人是否認同與眾不同的自己，因為你與生俱來就擁有影響他人的力量！

人生馬拉松

Keep running！

面對安逸的心境，要如何邁出追求下一個目標的步伐？

1. 如果你知道自己還有更喜歡做的事，卻始終無法離開已經得心應手的現況，不妨試著從「業餘的兼職」或是「休閒生活」的領域著手嘗試，即使只是一點看似微不足道的改變，都可能帶領你走到人生不同的地方。

2. 跨出第一步總是最難做到的，但只要用開放的心態，引導自己走出安逸之中，接下來人生的走向，就會產生意想不到的變化。

加油！

做一件有趣的事，不會只有快樂

如果對一切的磨練都甘之如飴，
當你看見用努力和成長換取的成果時，
會感到只要為了自己喜歡做的事，
所有的困難都值得去克服。

也許當你閱覽別人分享跑完馬拉松的體驗心得後，心中也不由得受到那份熱血的感染，想要親身體會看看那種完賽的感動，因此帶著期待的心情而報名參加。但是當你真正實際去跑後，才發現練跑的過程其實並不如預期般輕鬆愜意。為了確保自己順利完賽，每周必須排訂一定的跑步里程數，期間還要忍受肌力訓練過後的痠痛，這是個漫長的磨練過程，許多人最初帶著滿懷的熱誠，中途卻因三分鐘的熱度已過而放棄參賽。

從馬拉松的試煉就可以體會到，當你從事一件有興趣的事時，不能只關注其正面的回饋，更要看重自身在過程中學會克服問題、戰勝心魔的價值。如任何看似負面的考驗，對你而言都是一種讓能力昇華的過程，那麼在人生旅途中，再也沒有任何困難能夠絆住你快步前往目標的堅定之心。

興趣會讓你對痛苦甘之如飴

法國文豪巴爾札克（Honoré de Balzac）在文壇小有名氣之時，曾遇到一位頭髮花白的老婦人，她拿著一本破舊的作文簿問巴爾札克說：「大作家，我的視力不太好，麻煩你幫我看看這本作文簿，不知道這個孩子有沒有天分，未來能不能成為一個有成就的作家？」

巴爾札克仔細翻閱文章後，卻不感興趣地回答：「這孩子沒有什麼才華，文章深度不足，恐怕很難成為一個作家。」

老婦人聽完後，發自內心地笑了，她說：「孩子，這是你三十多年前的作文。」

巴爾札克詫異地望著那位婦人，仔細一看才發現，原來眼前這位老婦人竟然是自己三十多年前的小學老師。

其實，巴爾札克在還沒成名以前，他寫的稿件時就常被退稿，因此那時的他只能貧困度日。最難過的時候，他甚至只能靠麵包、白開水果腹。但是他每次用餐前，都會先在桌面上畫一個盤子，裡面寫著「火腿」、「牛奶」和「牛排」……等，用自己的想像來填補口腹之欲。後來，他終於憑藉著一心從事興趣的意志力戰勝了現實的磨難，成為享譽世界的一代文豪。

我們時常會鼓勵身邊的人要試著去尋找興趣，但是有些人會誤以為只要找到自己的興趣，接下來的人生就能迎來光明，最後卻發現原來即使投身於經營愛好，也未必如想像中輕鬆有趣，有時候甚至會因初期的期望愈高而愈容易失望，轉而心生放棄。

事態之所以無法發展順利，本來就是極其自然的，因為個人興趣與能力之間的差距，是需要靠時間與心力去補足的。如果一心只期望事情朝著好的一面發展，未經波瀾的歷練，反而更容易自我感覺良好，等到遭遇進階的難關時，更加不堪一擊。

台灣最年輕的米其林主廚江振誠曾說過：「一般人很喜歡一件事情，卻只能接受事情是正面的，不能接受事情是負面的，也就是無法面對做自己喜歡的事情時遇到挫折。但對我來說，只要是做自己很喜歡的事情時，就沒有所謂負面的事，或是挫折。不管發生什麼事情，都是正面的。這些事情都只是更清楚讓自己看見，自己是否有這麼大的熱情。」

就像巴爾札克始終對寫作擁有足夠的熱情，即使最初沒有任何人看好他，他仍舊願意為了自己的興趣承擔過程中的艱辛。常言道：「把吃苦當作吃補。」如果對歷程中的一切際遇都甘之如飴，當你看見自己的進步和最終努力得來的成果時，就會覺得所有曾經投入的心力都是值得的，因為你不是為了滿足任何人的期望而做，而是真正地為自己而活。

困境只為了讓你對目標更堅定

享譽國際的功夫皇帝李連杰，有一次接受記者的電話採訪時，記者問李連杰說：「這些年你都一帆風順，到底是如何做到的呢？」

後來李連杰憶起這段採訪經驗不覺莞爾，他覺得這位記者事前一定沒有做好功

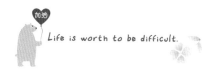

課，因為從人生的初始，他就未曾一帆風順過。

其實李連杰很小的時候父親就過世了，迫於家境而加入武術隊，靠著每個月微薄的薪水來養家。但是他十分努力，也很喜歡練武，從十一歲開始連續五年都拿到全國武術比賽冠軍。十八歲時，他拍了電影《少林寺》後一夕成名，但是隔年卻因一時疏忽而骨折，差點無法再練武。

二〇〇四年，李連杰全家在馬爾地夫度假，卻遭遇南亞海嘯，當時情況非常危急，海水洶湧而至。在與海浪的博鬥中，李連杰一手托著四歲的女兒，一手奮力划水，幾經沉浮，幾乎喪命。劫後餘生的他，不僅懂得珍惜生命的每一天，更一心向善，潛心修佛，並用基金會的形式援助了更多需要幫助的人。

但是他也不怪那位記者，因為他在電影中的形象，總是扮演身懷絕技的高手，無怪乎會使人誤會。事實上，他從未以明星自居，一直當自己是一個普通人，甚至有段時間，只想避世出家當和尚。

後來，他要到美國好萊塢拓展電影事業之前，一位指導他的少林寺高僧曾告訴他一句話：「一切的困難都是為了讓自己變得更強大。」當時他並未察覺這句祝福話語的深義。

後來，李連杰剛到美國發展的時候屢屢碰壁，因為對舉世聞名、巨星雲集的好萊塢而言，他根本只是武打演員。有一次在片場，導演甚至把劇本摔到他臉上，冷漠地說：「你是不是不懂英文，劇本都沒有看懂？」

當天晚上，他打電話給高僧請其開示。師父只淡淡地問他：「這些年你吃了不少苦，但是回過頭想，是現在的你比較堅韌，還是過去的你？」他愣住了，想著過去這些年的經歷，確實，曾經存在的困難現在看起來都不值一提了，但在當下，那些困境何嘗不是也把自己逼得走投無路？可見，一時的阻礙對他的人生進程只有實質的助益，於己並無損傷。

從那件事以後，他不再畏懼任何修正自我的機會，甚至抱著「歡迎」挑戰的態度。因為他知道，現在的境況總會隨著時間消逝，而親身經歷的人，卻在過程中變得更加堅毅，內心也更有力量。

只有逆風前進，才會感受到風力的阻礙，這些掙扎都需要自己去體會，因此才有人說：「想要改變人生，就去跑一場馬拉松。」因為只要你能跑完一段全程的馬拉松，經歷訓練的過程，和那些心理上、生理上的痛苦，就會如實地體驗到心才是困住自己的圍欄，只要打開心，放出莫名的執念與恐懼，你將成為無堅不摧的衛冕者。

人生馬拉松

Keep running！

如何將眼前的困境轉化為人生的養分，再向前跑？

1. 有時候，看似阻擋自己前進的困境，其實只是自己和自己過不去。與其將困境視如水火，不如回頭來反省自己，只要學會放下，卸除情緒積壓的重擔，人生就能容納更多有益的能量。

2. 試著把困境看成幫助自己成長的「好機會」，用正向的心態看待難關，即使過程中跌跌撞撞，最後那些經歷困難的心得，還有因此學會的教訓，都會成爲人生中不可多得的成長養分。

其實現有的路都是前人跑出來的

踏著現有的道路或許平穩順暢，
卻失去讓生命超然獨立的機會，
人生只有一次，不要輕易浪費
這張體驗世界的入場券！

關於馬拉松的起源我曾聽過很多種說法，其中一種是源自於波斯與希臘之間的戰爭。

西元前四九〇年，希臘聯軍在馬拉松戰役中擊敗入侵的波斯軍隊，也因此取得波希戰爭決定性的勝利。傳說希臘士兵費迪皮迪茲帶傷從馬拉松跑回雅典宣布勝利，之後卻因為崎嶇的路途，耗盡身體的能量，最終力竭而亡。然而以前的道路並不像現代一樣四通八達，所以傳令兵就成為翻山越嶺的開拓者，而現在這些方便行走的路，也都是像這樣的前人辛苦開闢出來的。

在人生的道路上，處處充斥著他人足跡的引道，有些路徑通往山巔，有些路徑沿途風景優美，更有些看似蜿蜒狹隘卻直通勝境的捷徑，即使選擇眾多，卻不見得真正適合你，當你走到絕境之處，不妨試著再往深處或無人跡之處探尋，或許正逢難得一見的人生美景，藉此開拓了生命的格局。

人生沒有規則，端看你如何去面對

亞洲首富李嘉誠的曾祖父曾經是清廷每十二年選拔一次的文官八貢之一，因此李氏家族可以說是書香世家。受到家族治學風氣的影響，所以李嘉誠從小一有時間就喜歡窩在書房裡看書，即使當時有很多書讀來似懂非懂，但他仍舊努力去體會其中意義。

就在一九四〇年二次大戰爆發後，正值十二歲的李嘉誠只好與一家人逃往香港投靠舅舅。這時，李嘉誠的父親卻因為過度勞累而染上肺病。

為了籌措醫藥費，李嘉誠一家過得相當清貧，一碗稀粥再加上母親去市場收集的菜葉往往就是一天的食糧。然而父親卻沒有熬過病痛，沒多久就病逝了。年僅十四歲的李嘉誠只好毅然離開學校，一肩挑起撫育弟妹的重擔。

一開始，李嘉誠先在舅舅的中南鐘錶公司當泡茶掃地的小學徒。他在這裡學到的第一件事就是察言觀色，他知道如何拿捏斟茶遞水的時機，而且也學會從顧客的行為舉止之中，準確判斷客人的喜好。每天他總是最早到公司，也是最後一個離開的員工。

三年過去後，十七歲的李嘉誠辭去舅舅公司的學徒工作，到一家塑膠製造工廠當業務員，開始了他的推銷生涯。

即使工作非常忙碌，但李嘉誠仍維持著閱讀、學習的興趣，每天白天上班，晚上就去買舊書來看，看完的書再拿到舊書店去賣，再用賣書的錢來買「新」的二手書。這樣的方式不僅讓他學到了知識，也節省許多開銷。

起初，李嘉誠向客戶推銷產品之前總是十分緊張，於是他會在事前把要對客戶說的話先想好，並且反覆練習到朗朗上口為止。

一段時間過後，李嘉誠逐漸在推銷的領域裡累積了不少心得，而先前在鐘錶公司學會的觀察能力，讓他能夠憑著直覺，就可以看出客戶是什麼類型的客人，進而擬定相應的推銷策略。沒多久，李嘉誠就成為公司的重點銷售人員，由於出色的推銷成績，隔年就當上部門經理，兩年後又被提拔為公司的總經理。之後更一手創立了自己的長江實業集團，二〇一三年，登上美國富比士世界富豪排行榜第八名，總資產超過兩千億元。

就好像李嘉誠一樣，如果他的生命缺乏了這些人生體驗，根本無法促使他擁有今日的地位。所以無論現階段你的生命是順水行舟或是在逆爭上游，都是一種考驗的過程，命運的變動本來就沒有一定的規則可循，成功更無所謂的通則，只要你能夠走出自己的一條路，你也可以重設另一種人生的遊戲規則。

試著走那些沒有人願意走的路

十九世紀末的某一天，一位女演員在倫敦的音樂廳內表演，卻因為身體不適突然暈倒，造成現場一片混亂，觀眾因此鼓譟著想要退票。劇場老闆只好在後台四處找人支援，這時，女演員五歲的孩子怯怯地站了出來，問老闆道：

「老闆，可以讓我試試看嗎？」

老闆眼看局面早已無法收拾，也不可能變得更糟了，就同意讓男孩上台。

結果，那個孩子一站上舞台就毫無懼色地又唱又跳，吸引群眾的目光，把觀眾逗得樂不可支，一首歌才唱到一半，就有很多觀眾向台上扔硬幣，小男孩就一邊滑稽地撿起豐厚的小費，一邊唱歌。並在觀眾的歡呼和鼓掌聲中，結束了這場表演，更成功地掌控住場面。

幾年後，法國著名的丑角馬塞林來到倫敦的兒童劇團和大家同台演出，當時節目需要一個演員來扮演貓，由於這位丑角的名氣很大，很多優秀的演員都不敢和他搭配演出，深怕自己的表現不夠好。

當時正值八歲的男孩又自告奮勇地站了出來，大家都替他捏了一把冷汗，結果他和那位明星配合得十分有默契，搏得所有觀眾的喜愛。

這個小男孩，就是後來世界知名的默劇大師卓別林。

在現實生活中，我們常希望有機會可以展現自己的能力，找到屬於自己的舞台。然而，當機會來臨的時候，我們卻瞻前顧後，躊躇不前。有時候，可能我們什麼都不缺，惟獨只缺大聲說一句：「讓我試試！」這般的勇氣。

生命真正的精彩之處就在於你可以不斷嘗試新的事物，所以不要害怕去走一條沒有人肯走的道路，或許你不知道前方即將出現什麼樣的挑戰，就算是跌倒了、失敗了，只要你得到在別的地方學不來的經驗，那條路就不會白走。踏著現有的道路或許平穩順暢，卻失去讓生命超然獨立的機會，人生只有一次，不要輕易浪費這張體驗世界的入場券！

人生馬拉松

Keep running！

在重複的練跑中，如何創造新的體驗？

1. 許多人因爲參加各地的馬拉松比賽而體驗到異地的風土民情；在馬拉松同好裡，也認識不同性格的人，除了讓自己有嶄新的體驗之外，更在無形中開拓自己的視野和人脈。

2. 如果覺得平日的練跑路徑缺乏變化，不妨試著去跑以前自己沒有跑過的路線，藉由不同難度的跑道，逐步提升自己適應環境的能力，更可以增加跑步的新鮮感。

加油！

學會配速，設定自己的節奏

面對匆匆易逝的人生，
要先設定好行事的方向及原則，
才能在有限的時間之內，
充實地掌握人生的每分每秒。

無論是跑一趟全馬（賽程距離為四十二點一九五公里）或是半馬（賽程距離為二十一公里）的馬拉松，途中都需要遵循事先擬定的配速規劃才能順利跑完。所謂配速，就是把自己預期的完賽時間，平均分配在每一段賽道，再用自己習慣的步調來微調。在深入瞭解賽道的實際狀況後，為每一段路程，甚至是每一公里，訂出應該維持的速度，適當調配自己的體力，才能避免因為太憑感覺跑，而在前段賽程不小心衝太快，導致中後段的比賽無法持之以恆；或是全程都跑太慢，最後來不及在自己預定的時間內抵達終點。

學會配速，就好像事先模擬比賽實況一樣，一旦經過練跑時的試驗，掌握了最適合自己的跑步方法和原則，參賽時，就不會容易因為當天的身體狀況，或是外在環境等不確定因素而動搖心志。

就如同我們在執行每一件事情之前，如果有預先的經驗法則可供參考，或是能掌握處事的核心與技巧，再用自己設定的步調去實行，心裡就會比較踏實，就算途中出現意料之外的事，也讓心有餘裕去處理，並能依照準則幫助自己在當下作出正確的決策，不論遇到任何情況，都能順利完成目標。

不論做什麼事都需要方法

美國第三十四任總統艾森豪（Dwight David Eisenhower），同時也是美國陸軍五星上將，在第二次世界大戰中擔任盟軍在歐洲的最高指揮官，他曾主導著名的「諾曼地登陸」一役，為二戰盟軍取得一場關鍵性的勝利。

艾森豪出生在一個貧困的家庭，不過她的母親很注重小孩的教育。有一天，艾森豪的母親拿出一個蘋果對孩子們說：「庭院的草需要修剪了，看誰可以修剪得又快又好，這個蘋果就給誰。」

為了得到可口的蘋果，艾森豪想出一個方法來提升修剪草坪的速度。當其他孩子都在埋頭剪草時，他把自己負責的部分分成十小塊，平均分配修剪時間，並規定自己修剪一塊地不可以超過二十分鐘。才花三個半小時，他就把原本要用一個下午才能完成的事做好。

當母親把蘋果交給艾森豪時，他開心地收下辛勤的回報，然而他卻沒有佔為己有，自己咬過一口以後，就把蘋果和其他的兄弟姊妹分享。

其實無論做什麼事都有方法可循，訂定明確的做事方針，就不會瞻前顧後在同一個問題裡滯留太久，試著透過有效地分配自己的時間，來改變自己處理事情的態度，這樣才能百尺竿頭，更進一步。

掌握原則，再難的事都能迎刃而解

我們一天的時間很有限，想要在限定時間內完成看似不可能的任務，就需要方法和原則來輔助，或是學會制定計劃，並讓事情確實按照自己的想法去實行。如果每天都憑著感覺做事，事情的執行效率很容易就在不留意的一分一秒間降低，讓自己陷入生活的惡性循環中——每天都有做不完的事、加不完的班，但事情卻未有明顯的進展或成效，讓自己在忙碌的步調中喪失了原有的熱誠與鬥志。

美國一家公司的總裁要求秘書把給他的文件放在不同顏色的公文夾中。紅色公文夾中的文件代表緊急案件，綠色公文夾中的文件要立即批閱，橘色公文夾中的文件代表今天之內必須處理完成，黃色公文夾中的文件則表示必須在三天內看完，白色公文夾中的文件是在週末之前回覆即可，黑色公文夾中的文件則是需要他親筆簽名。

面對全新的一天，你是否會先在腦中安排今天的行事流程？如果你覺得事情總是無法如你所願地順利進行，除了前面的資料夾分類法之外，或許你更應該了解到「安排行事順序」的重要性，才能讓自己更有效掌控時間進度。

在一堂時間管理的課程中，教授在講桌上放了一個玻璃罐，然後拿出一袋鵝卵石，不停地把石頭加進罐子裡，直到放不下為止。這時，教授問學生：「罐子裡面填

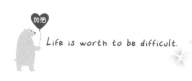

滿了嗎？」

學生不約而同地回答：「已經滿了！」

教授笑著說：「真的已經滿了嗎？」

接下來教授拿出一袋碎石頭，把碎石倒進去，再搖一搖，縮小石頭之間的縫隙。他又問：「那麼現在滿了嗎？」

這次，學生們不太有自信地回答：「好像還沒有很滿。」

最後，教授拿出一瓶水，把水倒進看似已經被鵝卵石、小碎石填滿的罐子裡。

教授看著滿臉疑惑的學生，正色地說：「我想告訴你們，假如不先把大的鵝卵石放進罐子，而是先把碎石頭放進去，那麼你就沒有辦法再放鵝卵石進去了。」

語畢，學生才恍然大悟，原來教授希望自己做事要有輕重緩急，學會安排事情的順序才能提升自己處事的成效。

日常生活中，如果一個人遇到事情總是忙到焦頭爛額，就要找出原因。

管理學之父彼得．杜拉克曾說：「不管是誰，想要輕鬆打理事務，就必須分辨事情的重要程度。不要什麼事都想做，最後卻都只做一點，這樣的人容易一事無成。」

想要增進自己的能力，要先知道自己想要達成什麼目標，鎖定方向後才能擬定相應的原則，知道什麼應該堅持，什麼可以放鬆。應該堅持的部分，一點也不能鬆懈；可以簡單帶過的事就不必浪費太多時間處理。面對匆匆易逝的人生，更要先設定好行事的方向和原則，才能在有限的時間之內，充實地掌握人生的每分每秒。

人生馬拉松

Keep running！

如何替人生配速，讓目標使命必達？

1. 你要先掌握「我爲什麼要做這件事？」的核心概念，找到了正確的方向，自然能避免用亂槍打鳥的方式執行。例如：上級交付會議的簡報，你應該先釐清「會議的目的爲何？主管重視的成效在哪？」再著手準備，成果自然八九不離十。

2. 起床後，將今天各領域的待辦事項依「重要性」寫下，再分別預估所需的時間。睡前可再檢視、反省，思考如何更有效率。

碰壁的時候，要記得你還可以轉彎

生涯中，可以走的路有很多條；
人生中，可以選的生活有很多種，
當你走進死巷，才知道正確的路其實在身後。

每年在各地舉辦的馬拉松競賽不下百場，而比賽中常會有人因為過度勉強自己，不懂得適時休息而導致身體無法負荷，甚至最後猝死的案例。所以主辦單位不僅要準備跑者的補給，醫療設備和醫護人員也要配置充足。馬拉松猝死的主要原因，在於跑者的心臟因為缺乏養分而出現異常顫動，因而短暫停止，導致氧氣無法輸送到全身。如果心臟不能及時除顫，每拖延一分鐘，存活機率就會降低百分之十，一再延遲就可能造成無可挽回的悲劇。

所以一旦起跑以後，就要密切注意自己的身體狀況，未必要急著在這一次的比賽超越自己的紀錄，下次還有可以改進的機會。就好像人生遇到障礙，有時要懂得繞路走，也許可以遇見意料之外的風景。

想法轉個彎，另一種人生正等著你

一九七〇年代，知名演員克里斯多福・李維（Christopher Reeve）因主演《超人》系列的美國熱門電影，頓時在國際影壇炙手可熱，當時他才二十五歲，在電影界尚有大好的前程，人生似要起飛。

不過，一九九五年五月，一場無端的橫禍打亂了他原本即將大放異彩的人生。在一場馬術比賽中，他不幸發生墜馬意外，摔傷了脊椎，造成頸部以下全身癱瘓。轉瞬間，一直以「超人」形象深植人心的克里斯多福，從此變成一個只能依靠輪椅行動的弱勢族群。

當他從昏迷中甦醒過來，對家人說的第一句話就是：「快讓我解脫吧！」但家人卻一直在身旁默默地陪伴著他，從復健直到出院。出院後，家人推著輪椅帶他外出旅行，希望透過寬闊的視野幫助他跨越內心的創痛。

有一日，載著家中一行人的車子正在洛磯山脈曲折的道路上往返穿梭，克里斯多福．李維雖望著窗外的風景卻無心欣賞，但他發現每次車子行駛到看似無路的盡頭時，路邊的交通號誌就會醒目標示著「注意！前方轉彎！」的警告文字。每當轉過一個彎後，前方的風景便豁然開朗。由於山路蜿蜒，「前方轉彎！」的警示標語不斷地出現，也漸漸敲開他緊閉的心房，克里斯多福心想：「原來路還沒有走到盡頭，是該轉彎了。」突然頓悟的他，立即對著妻子大喊：「我要回去，我還有路要走！」

自此以後，即使只能用輪椅代步，也阻止不了他想要繼續在人生中大步邁進的決心。之後他還試著當了導演，第一次執導的電影更榮獲金球獎。此外，即使無法寫字，他還是用牙齒咬著筆，一字一字地吃力寫下他的人生，第一本書《依然是我》出版時，立即進入暢銷書排行榜。同時，他還創立克里斯多福．李維基金會，並且在各地舉辦演講，為殘疾人士的福利奔走，並且籌募善款，成為一個著名的社會慈善家。

後來，《時代》雜誌以〈十年來，他依然是超人〉為題，報導克里斯多福．李維峰迴路轉的事跡。在訪談中，他回顧過往的心路歷程時，分享道：「從前，我一直以為自己只是一位演員，沒想到現在我還能成為導演和作家。原來，當不幸降臨的時候，並不是路已走到了盡頭，而是提醒你該轉彎了。」雖然二〇〇四年「超人」克里斯多福已然離開人世，但他正面的心態和不輕易向命運低頭的人生，使我們永遠以他為傲。

有人說：「人生就是堅持再堅持，然後放下。」克里斯多福的故事教會我們一件事，如果無法掌控人生中的意外，那麼我們就要學會轉彎，就算是轉身去走另一條路，去過另一個人生，又有何不可？

在社會上的成就或許很重要，但是仍舊比不上自己能否尋到生命的意義重要，只要能夠實現此生的價值，對世界有所貢獻，那就是你存在的真正意義。

一生中能做的事，比所知的多更多

文學家曾說：「明智的人使自己適應世界，不明智的人堅持要世界適應自己。」

在日常生活中，有些人不管是做人還是做事，都能夠根據現實的情況及時變通。

但是，有些人卻非常固執，總是選擇一路走到底，碰得頭破血流還是不肯回頭，遇到一點障礙就因缺乏變通而不知所措。其實，很多時候懂得變通並不意味著缺乏堅持。因為要到達目的地並非只有一種方法，只要走到目標，身後的那條路就已成為人生經驗的一部分。

可汀是一個大學生，她希望自己畢業後可以順利升上研究所，但英文一直是她的弱項，因此從大三開始，她就不停地苦讀英文。也許是沒有找到合適的學習方法，她每次的英文成績總是剛好低空飛過。到了大四下學期，可汀參加研究所考試，由於英文成績沒有達到錄取標準，因此榜上無名。為此，可汀十分不服氣，覺得自己明明各項成績都很好，怎能單單被英文絆倒！

畢業後，可汀專心地準備明年的研究所考試。這次她決心主攻英文，每天從早到晚都捧著英文書在房間內苦讀。她覺得自己既然已經專心準備一年，這次一定能夠順利上榜。

或許是命運捉弄人，第二次的研究所考試，可汀的英語成績高分過關了，但是專業科目的成績卻一落千丈。原來可汀一心想將英文能力提升，卻在不知不覺中縮短複習專業科目的時間。眼看著其他同學已經有了一年的工作經歷，她心中充滿悔意。

倘若可汀能夠轉換看待問題的角度，事情就不會無可轉圜。如果她真的有心想考研究所，大可以平日去上班，利用晚上或假日補習、研讀，如此一來，即使最後沒考上，也累積了一定的工作經驗。或許當她真正出了社會之後，也會改變自己原先對於高學歷才能有高收入的想法；有了工作的歷練後，對於人生有了更深一層的體會，也更知道該如何去補足自己欠缺的部分，對未來反而更有實質的助益。

因此，在我們設定各種目標的時候，為了貼近現實情況，決策最好保有一定的彈性空間，才能排除障礙後，再重新朝著調整過的路徑出發。就像在練跑時，總有許多不可抗力的因素，也讓自己找到放棄練習的藉口，但若真的有心達成，一定能找到方法讓自己堅持下去。例如：冬季的北台灣既多雨又冷，不見得每天都適合路跑，無法外出練習的日子，仍可以在室內鍛鍊核心肌群，務實地提升體能，讓下次的練跑更順利達成目標。

不過，如果經過長時間的努力還是無法達到目標，就應該認真地反省，並且根據現實的情況，適時做出調整，甚至設立更適切的方向，不要因為一時做不到就賴在路上停滯不前。生涯中，可以走的路有很多條；人生中，可以選的生活有很多種，當你走進死巷，才知道正確的路其實在身後。別跟自己過不去，當心無罣礙，不論遭遇何境、置於何處，人生皆能自由自在。

人生馬拉松

Keep running！

當你發現原先設定的目標一直無法達到時，該怎麼辦？

1 如果一時跑不到目標，不如調整成「漸進式」的目標，既可以減低難度、提高達成率，也給自己更大的鼓勵。目標只是促進你達成的手段，成長才是目的。只要現況有所調整，自己也愈來愈好，往更好的地方走去，就是一種成長。

2 不如緩下腳步休息一段時間，或看看身旁的風景，稍微放鬆心情，就能觸發不同的想法，看見自己的盲點與重新起跑的出發點。

加油！

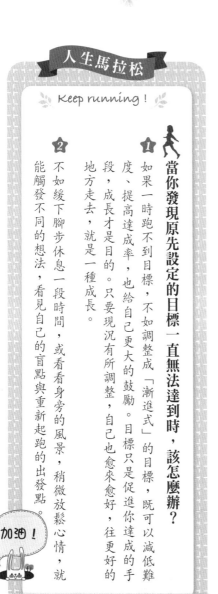

邁開步伐跑下去，讓人生不設限

其實心念的轉變可以一念是天堂，
也可以一念就是地獄，
因此並非達成目標才可以改變人生；
而是調整心態後的你，扭轉了命運。

一九六八年波士頓馬拉松冠軍安比（Amby Burfoot）曾說：「無論跑步或是人生都沒有所謂失敗，只要你拒絕停下來。」因此別吝嗇給自己多一點的機會去探索人生，即使過程之中讓你感覺離終點還很遙遠，也無法預知事態的發展是否如你預期，然而未經磨練的人生，就好像沒有跑過馬拉松的人一樣，不去挑戰看看就不會知道自己的極限和能耐。

也許你一直覺得自己不可能有什麼改變，但其實心念的轉變可以一念是天堂，也可以一念就是地獄，因此並非達成目標才可以改變人生；而是調整心態後的你，扭轉了命運。

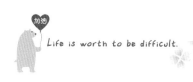

生命所及之處，一定留有你的位子

有一個人時常出差，但往往買不到有座位的火車票。可是不管長程還是短途，不管車上多麼擁擠，他總是可以找到位子坐。

有人問他到底怎麼做到的，他回答說：「其實很簡單，就是相信後面一定還有空位。這樣我就會很有耐心，一節節車廂慢慢找過去，雖然有點吃力，也並不聰明，不過每一次都很有用。在開始找空位之前，我就做好從第一節車廂走到最後一節的準備。不過每次都不用走到最後，就可以找到位子。」

說到這裡，他若有所思地笑了，然後繼續說：「很多時候，像我這樣相信一定能找到空位的人並不多，我時常再往後走時，發現其實還有很多空位，但在某些車廂中，許多人卻寧願擠在一起，也不願意移動腳步去找看看。」

有人再問他：「你是怎樣找到這個方法的？」

他更深入解釋：「許多人很容易被一時擁擠的表象迷惑，以為每個車廂都是如此。其實火車在停靠的過程中會有人陸續下車，就算有想到這點，大部分的人依然沒有尋找座位的耐心。最後連原先讓自己安置的一席之地，都被擠得幾乎站不住腳。」

聽完他的話，或許就可以理解為什麼有些人總是可以與眾不同。

其實那些不願意尋找座位，最終只能一直站到下車的人，就像是生活中安於現狀，並且害怕失敗的人，終其一生都滯留在半途，從來沒有試著去改變的勇氣。即使只帶著一點傻勁的自信與執著，勇往直前總是可以讓你找到最合適自己的位置。

延伸你的寬度，人生沒有邊框

生命的長度不可改變，但是人生的寬度卻可以無限延展。

傑克·威爾許（John Francis Jack Welch, Jr.）出生於一個典型的美國中產階級家庭，父親在鐵路公司工作，每天早出晚歸，因而養育孩子的任務就落在母親的肩上。與其他的母親不太相同的是，威爾許的母親更著重孩子的人格養成。母親不僅教會了威爾許獨立，當他的行為有不妥之時，她總是以正面而有建設性的意見鼓勵並提點他正確的道路。

每當威爾許不禁因心急而口吃的時候，母親就會告訴他：「這不算什麼缺陷，你只不過是思考快了一點，口語跟不上而已。」受到鼓勵的威爾許，從此決定著眼於發展自己的優勢，而不再對那些天生的弱點過度耿耿於懷。後來美國全國廣播公司新聞部的總裁麥克甚至還對著觀眾開玩笑說：「威爾許對自己非常有信心，執行效率也很高，這讓我恨不得自己也有一點口吃！」

一九八一年，威爾許成為奇異電器（GE）史上最年輕的執行長，而他最聞名的就是對管理的一套哲學，且對待員工總是恩威並施。雖然曾被譽為「全美最嚴厲老闆」的傑出經理人，但在威爾許的領導哲學之中，「激勵」可是不可或缺的條件。他認為，懂得激勵員工的經理人，將會引導出人們最好的一面，適時為下屬注入活力，才能鼓舞他們持續迎接挑戰。

因為在生活中，事件本身並不能影響我們，但是我們卻很容易受到自己對事物的看法所影響。而每個人的內心都有一個沉睡的巨人，那就是信心。對自己有信心的人，總是充滿熱情，也不容易受到擔憂和焦慮的束縛。法國軍事家戴高樂將軍曾說：「眼睛看得到的地方，就是你能到達的地方，只有偉大的人才能成就偉大的事。他們之所以偉大，就是因為他們決心要做出偉大的事。」

人生的寬度不會因為外在條件的限制就無法拓展，如果你不認為那些境況能阻礙你，那麼你的人生就是一幅沒有邊框、可以無限延伸的精彩畫作。

人生馬拉松

Keep running！

當你開始妄自菲薄時，如何鼓勵自己勇於嘗試？

1. 面對失敗會感覺沮喪，是因爲你以爲自己做不到，其實不需要在意現在的你有沒有足夠的能力，也不用去擔心做不到怎麼辦，而要告訴自己：「無論如何，做就對了。」
2. 在做事之前思慮周到是很好的習慣，但如果想太多「負面的後果」，就會導致自己裹足不前。心的力量來自意念對自我的肯定，在心中默念：「你一定可以做得到！」鼓勵自己勇往直前。

加油！

Chapter

3

人生的起跑點，本來就沒有人一樣

★ 比賽鳴槍後，你就是自己唯一的對手 ★

★ 起步晚沒關係，只要保持你的步調 ★

★ 放下過去，人生就不會在原地踏步 ★

★ 不是要爭第一，而是要做自己 ★

★ 每一個當下，都是全新的開始 ★

★ 為了迎接嶄新的自己而邁步 ★

比賽鳴槍後，你就是自己唯一的對手

瞭解你愛比較的源頭，
放下對他人的欣羨，聚焦自己的優勢。
別把對自己的冀求，
變成一種苛求。

在時下的馬拉松競賽中，較大型的比賽動輒就有五千位以上的跑者一起出發。雖然看似是一場人與人之間的競爭，其實一旦鳴槍後，就只剩下自己與身心的對戰。

在比賽時，如果你總是將心神放在他人身上，一邊擔心著：「為什麼別人可以跑那麼快，而且還看起來那麼輕鬆？」或是「我會不會成為朋友中名次倒數的人？」反而無法專心調勻呼吸與協調步伐，的確有可能使自己表現得比平日練習還要差。如果可以試著把焦點放在自己身上，不去想完賽成績，並放下和別人比較的心理，就有足夠的心力來面對挑戰，也因為內心更專注而能盡力排解困難。

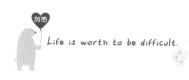

如何放下雜念，保持平常心？

我們在賽程上的表現就好像人生的縮影。在做人處事層面，我們的內心往往容易受到外界的影響，因而導致自己心浮氣躁、一事無成。事實上，如果能盡量用平常心以對，幫助自己回歸理性，才能看見事情真正的核心。

大部分的時候，我們的不安都是源自於無法放下自身的得失心。當自己得意的時候，總希冀著可以得到更多；當自己失意的時候，則無時無刻都在對錯誤的決策懊悔不已，患得患失的心境往往由此而生，若不能適時地體察到這股情緒其實無濟於事，就更容易做出錯上加錯的決定。

只要曾經嘗試走好當前的每一步，你就會發現即使事情發展總是無法盡如預期，但只要時時反省自己，試著思考：針對眼前的難關，我還可以做些什麼？究竟是因為自己之前什麼樣的疏漏，以至今日無法順利達成？放下難以預測的得失，將每一刻的考驗，透過與自我的對話轉化為對生命的磨練，那麼此時的成敗就不會成為你的絆腳石，反而會成為未來走向終點的關鍵指標。

亭葳和柏霖是兩個很要好的朋友。有一天，柏霖去亭葳家拜訪他，剛好看到亭葳的爺爺在寫書法，於是就在一旁靜靜地觀看。由於亭葳的爺爺寫得行雲流水，每個字的下筆都十分精妙，讓始終不得書法要領的柏霖又燃起了往日的興趣，希望自己有一天也可以寫得像亭葳的爺爺一樣好。

那日過後，柏霖每天都會抽出固定的時間來練習書法。半個月過去了，他感到自己還是沒多少長進，覺得十分痛苦，甚至一度認為自己根本就是選錯了興趣。

接著，柏霖又練習半個月之後，還是不見成果，便心生放棄，為此他經常悶悶不樂。亭葳知道以後，就轉告爺爺，希望他可以教導柏霖如何寫好書法的訣竅。

隔天，亭葳帶著柏霖來找爺爺。爺爺看著滿面愁容的柏霖說：「有想要把書法練好的心很值得讚許，可是如果你現在放棄努力，那就沒有機會把毛筆字寫好。」

柏霖疑惑地問說：「是不是我沒有寫書法的天分？」

爺爺笑著說：「我今年已經八十幾歲了，我從和你年紀差不多時就開始練習書法，約莫練了六十年才有現在的成果，你只練習半年不到，怎麼就說自己沒有天分呢？」

聽完爺爺的話以後，柏霖終於明白他所欠缺的不是寫書法的天分，而是過於心急，因為寫書法的功力終究不是一蹴可幾的事。

看見別人的成就，我們總是渴望能夠更快看見自己努力的成果，若自己一時做不到便覺得自尊受創，感覺十分難熬。其實，當我們看到別人擁有今日成就的同時，卻未必知悉他過去曾經付出的努力和經歷的艱難。但任何事情若要有所成就，都需要一個進程，即使有一步登天的捷徑，在未經累積經驗就收割成果的情況下，也無法長久擁有。不如放眼於現在自己能力可以達到的事，從中體驗、學習，不必左顧右盼，因為別人的成功模式不見得都適用於你。

當你為目標全力以赴之時，全心全意的專注往往可以讓你展現出前所未有的爆發力，就算最後還是不如預期，你終究戰勝了內心那個莫名怯懦的自己，這就是一種榮譽。雖然最後你不見得能贏在終點，但你已全然超越那個停留在起點的自己，讓停滯不前的人生有了嶄新的突破。

何不試著放下心中那座天秤？

從小，我們就不斷被灌輸各種「批判性」的思想。例如：學生的成績並非用來檢視學習成果，而是作為孩子能力的評論依據，成績愈好的學生，代表他以後的人生愈有成就；而成績愈差的孩子，則表示他以後可能只能從事較基層的工作。在潛移默化之中，我們誤以為只有展現出自己好的一面，對人生才有助益，於是內心的自尊漸漸受到「完美」與「成就」制約，而忽視了原生性格的盲點、壓抑初始的想法，讓自己活得愈來愈不像自己，就算得到了社會的認可與掌聲，卻不見得能由衷地感到幸福。

這個社會似乎也有一把無形的尺在時時刻刻衡量一個人，尺的刻度上標示著：成績、學歷、收入，或是社經地位。我們被這把尺所評量，而我們也用同樣的尺去度量別人，結果只是換來一場無止盡的追逐。如果我們能重新檢視這些扭曲的心理模式，才有機會跳脫「成就即是一切」的心態，找回自己想要的生活。

某次聚會中，我的好朋友小祺曾聊到自己對過往的心得，她說：「小學的時候我很討厭寫功課，總是希望自己趕快長大，不用每天回家都要寫作業。進入高中後，雖然不太需要寫作業，卻有考不完的試，那時候以為只要我考上大學就可以解脫。進入大學後，我又一心一意想轉到更有興趣的化妝品系。順利轉系後，每天看著室友、同學都逐漸出雙入對，我又開始希望自己也可以遇到一個好對象。」

小祺繼續說道：「現在我有一個對我不錯的老公，我們正計劃要買一棟房子，認為有自己的房子才有歸屬感。但是有一次媽媽問我說：『為什麼你都一直活在對未來的憧憬裡？』這才讓我驚覺，自己不曾認真面對當下的生活，總是以為『明天』比現在更重要。」

原來當我們在現實生活過得不快樂時，就會把希望寄託在未來，透過設定目標的過程，來激發自己的鬥志。問題是，這些目標並不一定是自己感興趣的事，所以通常都只能維持五分鐘的熱度，而經常讓自己處於「應該做」和「不想做」的衝突之中。

其實你並不一定要透過完成某些事情才能肯定自我，如果能夠覺察到「我正在用

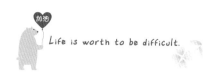

那把無形的尺來衡量自己、批判自己」，反而要適度提醒自己：批判是醜陋的，他讓人們受傷。一方面你不斷地傷害自己，另一方面你又希望這樣的自己能得到別人的愛和敬重，這是不可能的事。

試著探究自己愛比較的源頭，是因為缺乏自信，或是希望自己能永遠不落人後。一味地盲目追求只會讓努力事倍功半，只要持續超越昨天的自己，你就能贏在未來。

人生馬拉松

Keep running!

當你陷入比較的煩悶時，該如何自我沉澱？

1. 凡事並不是只有一種定義，如果別人把你定義爲平凡人，你就覺得自己只是一個庸才。別忘了其實當你在一件事情上投入全部的熱情時，就能成爲這個世界上最獨特的人。

2. 感覺自己不如別人有成就的時候，你可以試著回想自己的初衷，用一顆單純的心來面對多變的世界，懂得滿足的人不論身置何處都能感到快樂、珍惜擁有。

起步晚沒關係，只要保持自己的步調

不必埋怨生命給你的不夠多，
試著用努力去回報這個世界
賦與你一心求進取、
習得生存技能的機會。

在所有的比賽規則中都會力求公平性，然而再怎麼講求公平，都有其不公平之處。如果你是一個馬拉松新手，你所能做的就是盡力去跑，而不是一直在抱怨自己離起跑線太遠，會比別人浪費更多體力；或是主辦單位活動設計有瑕疵，讓你沒拿到足夠的補給品，影響體能的續航力。以上都只是一些聽起來讓自己心裡比較好過的託辭。其實多數人都面臨和你同樣的情況，但他們卻不抱怨，也不牽拖，只是一心想著該如何順利抵達目標。

就像「龜兔賽跑」的故事裡，烏龜雖然慢了兔子好幾步，卻能腳踏實地向前邁進，最後還是比跑得快的兔子率先抵達。因此在人生的馬拉松中，不論你屬於起步早還是晚、資源豐厚或貧乏，只要你能穩住前進的步伐，未來終能順利讓人生再進階。

絕對的公平，不見得公平

從每個人的出生背景來看，這個世界很難用「是否公平」來衡量，有的人家裡雖然不算富有，但是一家人平安和樂；而有些人家財萬貫，家庭卻破裂失和。其實大部分的人想要追求的公平，並不是真的公平，而是自己處在弱勢的一方卻無計可施。貧富不均造成的社會階級落差，是當政者要去解決的問題，不過，在大環境尚未好轉之前，還有許多你能著手去做的事，別輕易讓改變人生的權利睡著了。

與其消極地抱怨這個世界不公平，不如積極思考如何才能改變目前的處境，怎麼做才能讓自己向上提升，這是人生中最重要的一堂課。

選擇抱怨這個世界不公平的人，其實是不願意為現實生活付出努力的人。如果怨懟可以扭轉現況，那麼就跳進情緒的漩渦也無妨。問題是，一旦心生不平，接下來遇到的人生困境就容易再被歸類到「因為我就是沒別人那麼好命」的藉口上，而真正造成困境的主因——自己原生性格的弊病，就因苟且之心，又讓自己躲到了「宿命論」的擋土牆後頭。其實，決定你一生走向的宿主，除了自己還有誰呢！因此，不必埋怨上天給你的不夠多，反而要試著努力去回報這個世界賦與你一心求進取、習得生存技能的機會。

如果眼中只看得見世界的陰暗處，那麼你的人生就會朝向灰暗的地方走；如果你試著去看看生命中積極美好的一面，人生永遠都充滿希望。即使當下的用心也許不會立刻反映在人生中，但是屬於你的每一分成果，都不會憑空消失。

有一家公司在月初發薪水的時候，每個人各多發了三仟元，許多員工都發現這個月的薪資比較多，但大家都沒有向會計確認這件事，還以為這個月加薪而暗自開心。可是到了下個月，員工卻發現自己的薪水少了四仟元，認為一定是會計算錯帳，於是所有人都議論紛紛，當天立即向主管反應這件事。

主管看著員工們說：「大家都覺得很奇怪嗎？那麼上個月多發了三仟元，怎麼沒有人跟我說？薪水我會請會計補上，可是這也讓我知道，員工計較的不是公司有沒有合理地對待每個人，而是在意公司有沒有虧欠員工。」

從以上故事映照人生可以得知。我們介懷的並非真正的公平，而是自己是否被公司或是命運所「虧欠」，因而生出了莫名的得失心，讓自己陷入情緒的膠著，拖慢行進的腳步。

如果一個人能真正具有做人正直的「公道」之心，應該同時用這套標準要求自己。而一個人只要確實秉持著公道而行（或不作違背個人良心的決策），更不必在意外界、外人是否真正如實回饋，就能活得坦蕩。一旦擺脫了往日的恐懼與戰戰兢兢，反而更能看見人生的真義在於——實現自我，而不是掛念著別人是否認同的問題。

偏離了本心的人，如同跑步時因瞻前顧後而失去調整步伐的機會，導致人生持續的落拍，這並非因為個人最初的起步太晚，而是因為覺醒得太晚。

如果在任何境況下，我們都能抱持著孤注一擲的想法，何必在意一時的公平與否？暫時的不公平、明顯的落差，才能讓你有重創個人遊戲規則的那份上進心，到底

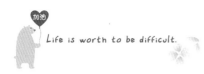

要邁力緊追，還是留在原地自暴自棄，只有自己能決定。

現在就起步，永遠不嫌遲

喬・吉拉德（Joe Girard）是一個曾經創下金氏世界紀錄的汽車銷售員。他從三十五歲開始推銷汽車，幾年之內就刷新汽車銷售的紀錄。一九九一年的金氏世界紀錄年鑑記載：他一生總共賣出一萬三千零一輛汽車，而且連續十二年平均每日售出六輛車，這個數字至今還沒有人可以打破。

其實喬・吉拉德在三十五歲之前曾換過三十幾種工作，後來他遇到一位貴人，在退休後把營建事業交給他經營，但因為他不瞭解爾虞我詐的商場生態，致使那家公司在他三十五歲那年負債倒閉。為了還清債務，他甚至還當過小偷，後來在警察局的拘留室內待了一個晚上，他才知道自己連小偷都當不了。就在走投無路之際，他拜託一個汽車經銷商的朋友給他一個工作機會，沒想到他上班第一天就賣出人生中的第一輛車子，在絕境之中，銷售的才能竟成為他的人生轉捩點。

對於當時的情況，喬．吉拉德坦言：「因為四處都沒有路了，只好向上走！」他之所以會想盡辦法賣車，都是為了清償欠款，生活的逆境讓他沒有退路，卻反而成為他前進的動力。「邁向目標的電梯總是不管用，想要到達終點，只能一步一步往上爬。」這是他對於人生的心得。

在美國，喬．吉拉德所推銷的雪佛蘭汽車並不是最好的汽車品牌，因此能否成功銷售汽車，並不在於產品或是價格，而是對於業務本身的認同。他不斷強調，真誠才是成交的第一步，千萬不要對客戶說謊，即使只說過一次，也可能讓你從此信用掃地。他補述道：「成交後才是服務的開始。」

所以只要客戶遇到任何問題他都會盡力協助，讓顧客原有的不滿，轉變為對自己的肯定。對此他曾說：「有時候，即使自己出錢為客戶處理車子的問題，我還是會做，因為這樣會讓客戶覺得我站在他們那邊，我永遠都會支持他們，最後和顧客成為朋友。等客戶下次要換車，或是他們的朋友要買車，自然就會想到我。」

雖然是在三十五歲之後，喬．吉拉德才真正踏出人生的第一步，但是沒幾年就創下無人能及的紀錄，他曾感慨地說：「如果我的故事能給人們什麼啟發，那就是每個人都可以做得和我一樣好，而且人生從什麼時候起步，永遠都不嫌遲。」

即使現在的你還站在起跑點上，看著別人早就動身出發，最好的解決方法就是馬上起步，因為起步的早晚不等於勝敗的保證，在人生的道路上隨時都可以加快自己的步伐。

人生馬拉松

Keep running！

當你感到落後他人之際，如何調整心態、堅定步伐？

1. 雖然參加馬拉松比賽的人很多，但其實你是在和自己競賽，平時訓練得紮實與否，都會在跑步的過程中被突顯出來，即使別人跑得比你快，也是他經過長期訓練得來的成果，而你只是要驗收自己努力的成果。

2. 在跑的過程中，難免不自覺會想要跟上長跑老手飛快的腳步，然而保持自己應有的步調，專注在自己的呼吸和步伐，才能發現自己需要調整和精進的地方。

加油！

放下過去，人生就不會原地踏步

一切都會過去的，無論發生什麼事，
都不會停留在你的生命之中，
人生隨時都在前進，
只有你的內心才會緊抓著過去不放。

日本超馬女將工藤真實，不僅是二〇一一年雅典四十八小時道路賽的紀錄保持人，也是二〇一一年東吳國際二十四小時跑道賽的紀錄保持者，同時她也創下二〇一三年荷蘭IAU二十四小時世界錦標賽的世界紀錄，當時她在天候不佳的情況之下，仍於二十四小時內跑出二百五十二點二零五公里的成績。但工藤真實的人生，並不如馬拉松般一帆風順。

在她九歲的時候，父親就因病逝世，母親只好獨力養育家中三個孩子。從小工藤真實就是一個懂事的女孩，學生時代成績優異，卻為了分擔母親的重擔，高中畢業後就在銀行擔任銀行員。一直到現在她仍舊在銀行工作，但跑馬拉松卻讓她的人生變得與眾不同。

雖然工藤真實不是一個職業的馬拉松跑者，但是她從小就很喜歡跑步，時常代表班級參加運動會的長跑項目。當她第一次想要報名國際比賽時，因為身邊都沒有跑馬拉松的同好而猶豫不決，母親告訴她：「妳不是想要試試看嘛！」就因為受到母親這句話的鼓舞，而開啟了她的馬拉松人生。幾十年來，工藤真實為了比賽，在上班之餘拼命練習，為自己努力爭取人生的另一種成就。

向前走，才能離開人生的低谷

傳說中，第一聖殿耶路撒冷的建造者所羅門王曾經做過一個夢，夢中有一位智者傳授他一句箴言，並告訴他：只要記住這句話，就可以讓你在得意的時候不驕傲；失意的時候不那麼痛苦。但是所羅門王醒來後卻忘了這句話，他立刻召集了國內最有智慧的長者，並且交給他們一只戒指。所羅門王告訴長者，如果他們想出這句至理名言，就把它刻在戒指上，他會戴著戒指，時常引以為戒。

幾天之後，長者們把戒指送還給所羅門王，那只戒指的外圍上刻著：

「一切都會過去。」

是的，一切都會過去的，無論發生什麼事，得也好，失也好，都不會停留在你的生命之中，人生隨時都在前進，只有你的內心才會緊抓著過去不放。

人生的低谷也是在提醒你，是時候重新審視自己，並且靜下心來反省自己是不是還不夠努力。走出低潮並不容易，但是你可以想辦法縮短停留的時間。

也許你不特別喜歡現在的工作，但是可以試著去尋找自己的興趣，無論是學做料理、煮咖啡、登山還是跑步，只要能讓自己變得積極，就無需多想，透過完成一件可以增加成就感的事，帶動你的正向感受，幫助自己走出人生的低潮。

現在的你或許會覺得矗立在眼前的困境，是一個很難跨越的門檻，其實當事情過去以後，你會發現從前的困境其實不算什麼。每經過一次挫折的錘鍊，你的心智、能力都將不可同日而語，所以歷經挑戰的你，未來只會變得更好，那麼又何必執意讓自己停留在失意的過去？

現在不努力，什麼時候才要努力

有一隻猴子被暴風雨淋得渾身發抖，無處可躲。於是，牠決定明天要著手造一間堅固的房子。可是隔天天氣好轉以後，猴子卻伸了伸懶腰想說：「等明天再來做好了。」於是又四處去閒逛。時間一天一天過去，猴子一直沒有把房子蓋好，直到暴風雨又來臨之際，牠才為先前的貪玩後悔不已。

如果把希望寄託給明天，永遠不會有實際的作為，抓緊時間今天就立即付諸行動，才真正能夠解決當下的困難，為人生的困境找到出路。

工藤真實曾述及她有一次參加東吳國際超馬賽的狀況，那是一場要在二十四小時內跑出最長距離的超馬競賽。當她跑到時間快要結束的時候，已經幾近於無神的狀態，她試著讓自己仍舊保持理性。已經入冬的台北，天空時常是陰雨而暗淡的，當她抬頭看見那片烏雲覆蓋的天空，耳邊彷彿聽到母親曾經對她說過的一句話：「去做的話一定可以達成，現在不努力的話，何時才要努力？」

就如聖嚴法師所言：「面對他、接受他、處理他、放下他。」

抱怨自己處於低潮的人，其實是無法承受人生得失的重量。如果還沒有試著去做就放棄，那麼往後的人生你都會為此後悔不已，即使跨出去的第一步依舊無法立刻改變現況，但是只要讓自己動起來，就是一個轉變的契機。

人生馬拉松

Keep running！

當你糾結於過往的功過、是非，該如何釋然向前看？

1. 其實過去的是非成敗，都是人生中不可多得的經驗。如果在做決策前我們可以稍微想想過去類似的經驗，就能從反省之中做出更好的決定。因此讓過往的經驗幫助你踏出下一步，就可以減少未來錯誤和遺憾發生的機會。

2. 往前看能積極走向目標，往後看能檢驗和修正自己。試著在兩者之間取得人生的平衡，而非顧此失彼。

不是要爭第一，而是要做自己

「做自己」也就是用自己的方式
來決定自己的價值，
而不是讓自己去符合某種標準。

在馬拉松比賽中，總是會出現實力堅強的對手，但是競賽就是要透過和不同的人比較，才更容易看見自己不足的地方。

然而在現實生活中，有些人卻選擇用取巧的方式，扭曲了比賽的原意。在學生時期，我曾經聽過部分同學為了讓自己考第一名而偷取別人的課本或是筆記，讓其他同學無法在考前複習，甚至擾亂別人考試的心情。

其實如果是用那樣的方式取得的成果，也無法增進自己的實力，就算最後真的得到第一名，也不能保證在人生的路途之中，都可以用這樣的方式來取得成就。與其想著如何打敗別人，不如用心經營自己，讓自己成為一個不可取代的人。

力拚成為不可取代的自己

一旦太在意名次的勝出，就意味著你只是淪入另一種人生成就排行榜的競賽中。就好像考試的成績一樣，無論你再優秀，即使只少第一名一分，也只能位居第二，如果你為此懷疑自己的能力，就失去了「比較」的本意，其實不是你不夠聰明所以無法奪得第一名，而是你不瞭解競賽的本質。

人與人之間各自努力，但也需要相互「切磋」，所謂切磋琢磨是要我們透過與人相較來「瞭解」自己的實力。比賽輸了，就表示你「暫時」技不如人，還需要再精進。如果因為輸給別人而自暴自棄，就偏離了參加比賽的原意。

由此可知，一直聚焦在競爭上，並不能真正突顯你的價值，但如果你可以藉此機會在某些層面表現突出，讓別人看見你的特點，即使你最後並沒有順利奪得冠軍，途中的表現反而給人更深刻的印象，那麼你就成為了加油團眼中「唯一」的亮點。

就像許多參加極限超馬競賽的跑者，在面對惡劣的跑步環境、氣候時，都能展現

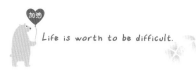

出各種不同的克服方式，即使最後數位跑者皆能順利抵達終點，歷程中，他們呈現給世人眼中的面向，卻是全然不同的意義。

「做自己」也就是用自己的方式來決定自己的價值，而不是讓自己去符合某種標準。如果你可以在考試之中拿到滿分，就表示那張試卷中的問題，你都可以解決，但是並不代表在那張試卷之外，任何問題你都能迎刃而解。

愛因斯坦曾經十分不適應學校的填鴨式教育，他在學校的成績從來不曾第一，但他卻成為二十世紀以來最偉大的物理學家之一，因為他有善於分析問題的能力和豐富的想像力。

在社會上謀求一個「位置」固然重要，但如果你能夠成為自己的「品牌」，就不會輕易被取代與遺忘，即如可可．香奈兒女士（Gabrielle Bonheur Coco Chanel）就用自己的名字創立「香奈兒」這個享譽國際的知名時尚品牌。所以一個人的價值不是基於他處於什麼位置，而是他擁有什麼樣的能力和對世人的貢獻。

有一隻老鼠在寺廟的佛像上暫住，在寺中生活不但可以享受到豐富的供品，還可以享有信眾的膜拜和崇敬，因為每個進入寺廟的人都會向佛像跪拜，而老鼠卻以為所有人都在向他跪拜，為此感到十分得意。

有一天，一隻野貓闖進大殿，一把就抓住這隻老鼠。老鼠趕緊大喊：「你不能吃我，你也應該向我跪拜！」

那隻貓覺得很可笑，就告訴他：「信眾是向佛祖跪拜，而你只是住在佛像上的畜牲而已。」說完就把老鼠吞到肚子裡。

社會上有許多人位高權重，但是他的能力卻和所在的職位不相符，而他之所以能坐上那個位置，有時只是出於時勢所趨。因此無論你現在處在什麼位置，都應該時時警惕自己，是否能夠與時俱進，因為現有的成功模式，很容易就可以被複製。

就好像傳統手機大廠諾基亞（Nokia Corporation）在智慧型手機尚未流行之前，堪稱手機界的龍頭，然而智慧型手機出現後，一夕之間，就徹底翻轉了諾基亞的地位。即使是現在，各家廠商每每推出新手機，都說自己是「機王」，但是沒過幾個月又會被其他廠商複製應用，而失去其獨特性。可見不僅是科技需要不斷翻新，人更要

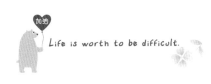

隨時保持日新月異的上進心。

提升自己，而不是打敗別人

在荷蘭有一位婦人，她每年種的鬱金香都是全鎮最漂亮的，因此經銷商願意用更高的價錢向她收購。人們原本以為婦人一定不肯和別人分享培植的秘訣，但出乎意料的是，每到秋天，她就把自己培育的優良種子送給鄰居們。

曾經有人問她：「為什麼不把優良的種子保留下來？這樣明年還是可以拿到比別人更好的賣價！」

婦人回答說：「如果鄰居的種子，都是不好的種子，蜜蜂傳播花粉的時候，就會影響開花的品質，把優良品種的種子送給鄰居，那麼我種的花也會開得更好。」

很多人都以為只要打敗對手，自己就能勝出，然而如果不提升自己的能力，即使一時得勝，最後也會面臨到被社會淘汰的危機。

雖然這個社會有時只能用一種特定的標準來衡量個人的成就，但這並不代表要突顯自己的能力一定要靠爭強好勝。如果你能成為公司中或業界某個無法取代的角色，別人可以抄襲你的作品，卻不能偷去你腦中的創造力；別人也可以竊據你的功勞，但不可能奪走你的能力。想要不被一時的人生名次沖昏頭，就要活出獨特的自己。

人生馬拉松

Keep running！

如何讓人生馬拉松得以照著自己的信念步伐去落實？

1. 在踏出下一步之前，要先問自己：「這個決定是不是與我的信念相符合？」如果答案是否定的，那麼趁著還未行動之前，就先修整自己的做法，讓你的信念可以徹底落實在步伐之中。
2. 你可以在家中或辦公室的座位最顯眼的地方，貼上一張紙，寫下你的目標和代表信念的一句話，時常提醒自己要跟隨此生的信念。

加油！

每一個當下，都是全新的開始

每個人在任何一個瞬間，
都站在兩個交會點之上，
這點就是已經過去的上一刻，
和正要開始的下一秒。

也許你因為曾經在馬拉松比賽之中表現不佳，而變得十分沮喪，進而讓這樣的心情影響到下一次的比賽。既然曾經為此跌倒過，何必讓已經過去的事再絆倒你一次？

活在回憶與預期的想法裡，會讓人受困於牽掛過去與擔憂未來的心境中，而無法珍視當下。

唯有看重當下的每一刻，才能活出最好的自己。為曾經的失敗過意不去，也無法改變既有的事實，你現在用什麼心態來過生活，生命就會用同等的事物來回應你。為過去的自己沮喪，不如為新生的自己慶賀，因為每一個當下，都是人生全新的開始。

過去已成定局，改變從此開始

有一個小和尚，每天早上都要負責把寺院裡的落葉掃乾淨。在寒冷的冬季裡，一大早起床掃地實在很辛苦，尤其每次起風的時候，樹葉就會隨風亂飛。每天小和尚都要花很多時間才能把落葉掃完，所以他一直想要找辦法讓自己輕鬆一點。

後來，另一個和尚告訴他說：「明天你掃地之前先用力把葉子從樹上盡量搖下來，後天就可以不用掃那麼多了。」小和尚覺得這個方法實在太好了，於是他隔天起得比平常更早，並賣力地搖樹，想要把今天跟明天的落葉一次掃乾淨。

第二天，小和尚起床後看見院子裡的落葉一如往昔，覺得自己昨天根本是白費力氣，只好既失望又難過地埋頭清掃。

老和尚看見失落的小和尚，便走過來對他說：「孩子，無論你今天怎麼用力搖，明天落葉依舊會掉下來。」小和尚這才明白，世上有很多事情是沒有辦法提前準備

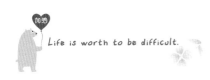

的，只有認真地活在當下，才是最踏實的人生態度。

在任何一個瞬間，每個人都站在兩個時間交會點之上，就是已經過去的上一刻，和正要開始的下一秒。當你能夠活在當下，沒有過去拖著你不放，也沒有未來拉著你往前跑時，你才能專注在當下。

把每一天都當成最後一天

從小波姬．戴爾就有眼疾，她只能單靠左邊的眼睛來觀察這個世界。當她看書的時候，她必須把臉貼到書上，然後才能開始閱讀。雖然她的視力有殘疾，但她卻拒絕別人的憐憫，希望靠著自己的力量來努力過活。

小時候，她希望自己能和其他孩子共同玩跳格子，但是由於她的眼睛看不見地上的線，所以很難和別人玩在一起。於是，她就等玩伴都回家後，自己一個人趴在地上，試圖看清地上線的劃分，並記住格子的位置。不久之後，她就成為玩跳格子的高手。學生時期她整天待在圖書館，把書本貼近眼前，艱難地學習知識，後來她憑著自己的毅力，拿到了碩士學位。

完成學業後，波姬．戴爾就開始她的教書生涯，透過不斷地努力，她不但成為了文學教授，工作之餘還會到各地演講，甚至還成為一家廣播電台的節目主持人，她說：「在我心裡深處，時常懷著失明的恐懼，為了消除這種恐懼，我只好把每天都當作自己看得見的最後一天。」

戴爾並沒有因為自己的眼疾，而抱怨人生不公平，而是用自己的方式去融入正常人的生活。她甚至不期待人們憐憫的眼光，而是期許自己可以擁有和常人一樣的豐富生命，最後她真的做到了。雖然她需要付出比常人多好幾倍的努力，但是她依然活出自己想要的樣子。她把別人以為的不幸，變成自己的幸運，並且用更積極的態度來面對人生。即使命運賦予她難以承受的考驗，但她反而願意坦然接受一切，最終戰勝命運的同時，也獲得了比別人更豐厚的成果。

假如你把心力耗費在不可知的未來，卻對當下擁有的一切視若無睹，那麼擁有再多都無法讓你知足。曾聽人說：「當你存心去找快樂的時候，往往找不到，惟有讓自己活在『現在』，全神貫注於周圍的事物，快樂便會不請自來。」昨日已成歷史，明日尚不可知，只有「現在」才是我們可以把握的事物。如果你將活著的每一天，都當成人生中的最後一日，對於時間的概念就會有所轉變，漸漸地你也會明白，什麼才是生活中最重要的事，就像波姬．戴爾一樣，在有限的人生裡，用奔跑去實行。

人生馬拉松

Keep running！

該如何擺脫過往挑戰失敗的揮不去陰影？

1. 不如告訴自己：「失敗才能讓我看清自己的不足。」站在面對挫折的角度，讓自己勇於修正、力求改變。
2. 記錄你的失敗、難堪或錯誤，這份失敗日誌可以成爲你奮鬥目標的清單。他讓你更懂得評估風險；他也會幫助你更關注自己的學習和成長，而不是別人的看法。

加油！

為了迎接嶄新的自己而邁步

我們所要做的就是肯定自己的選擇，
才懂得如何在取捨中尋找意義，
也能在失去中獲得意想不到的人生。

「你為什麼想要跑馬拉松？」無論是跑步或是做其他的事，都要記得先問自己：「我為什麼要做這件事？」也要問自己：「我想要做到什麼程度？」因為只有你自己真的想做，才能確實把熱情灌注在行動之中。

就算跑步是為了減重，或是為了鍛練意志，如果只是因為看到別人都在跑，就跟著大家一起跑，即使跑了也不會對你的人生有什麼幫助。反而只會讓你愈來愈失去努力的動力。與其如此，不如把相對的時間與精力投注在你的興趣領域，例如：多看幾部電影、多背一點英文單字……等，有心就能在人生中結出成果。

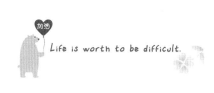

現在就為人生畫出一張藍圖

二〇一一年十月五日，蘋果公司的創辦人史提夫・賈伯斯（Steve Jobs）在家人的陪同下走完他的人生。這一生，他曾經立誓要成為「在宇宙中留下痕跡」的人，他也真的做到了對自己的承諾。

一九八四年，蘋果推出直接用滑鼠游標來操作介面的新系統，賈伯斯不僅在科技業取得領先的成就，而且還為人類社會帶來截然不同的娛樂方式。二〇〇一年，第一代iPod誕生。二〇〇三年iTunes正式上架，任何人都能直接從iTunes商店付費下載音樂，這套系統的開發也促使蘋果成為全球規模最大的網路音樂零售商。當時，賈伯斯的做法更帶動唱片業改變經營模式，同時透過網路消費的習慣進而延伸到電視劇、電影和圖書領域，為社會開拓出不同的生活樣貌。

一直以來特別注重產品設計的賈伯斯，透過蘋果電腦所推出的Mac系列桌上型電腦和筆記型電腦，以及行動裝置iPod、iPhone和iPad，向所有人證明，良好的產品設計甚至比追求硬體技術更重要。因此在他短暫五十六年的人生中，都為了在眾多設計精良的產品之中找到最極致的作品而努力，在問世之前，或許已有上千個被淘汰的九十九分作品，然而，只有最好的設計才能讓他面世。

賈伯斯不僅是蘋果公司的執行長，更是蘋果的最佳代言人，他曾多次被《時代》雜誌評選為封面人物。對於人生，賈伯斯曾說：「就因為這是自己的人生，沒有機會去做許多事，所以要做就要做到最好。人生很短暫，死了以後就什麼也改變不了。當我們選擇用自己的生命去做一件事，就要做到該死地好，讓一切努力都值回票價。」

在這個世界上，還有許多未知的領域，那些人們尚未觸碰到的地方，就是展現自我的平台。不要總是覺得自己微不足道，所以一直把時間浪費在處理害怕、猶豫等負面情緒之上，其實人生一直在等著我們去開拓。一旦你選擇了什麼樣的生活，就會擁有什麼樣的人生。

而我們所要做的就是去珍惜自己的選擇，並且利用這些選擇的權利，為人生勾勒一張藍圖，用有限的時間，盡量逐步去實現。就像賈伯斯一樣，他的藍圖一定還有未完成的部分，但是在他生命中的成就，就足以提升世界上絕大多數人的生活品質。

自己的人生，就走自己的路

一個雙目失明的大學生，好不容易找到一份調琴的工作，可是當他高興地告訴父母親時，他們不但沒有鼓勵他，還冷言相對：「你的眼睛又看不見，不適合做這份工作，沒多久，你的上司就會要求你離職。」

可是那位失明的大學生還是堅信自己的選擇，他告訴家人說：「我雖然看不見，但是我的耳朵還是很靈敏，我相信自己可以做好這個工作。」

家人雖然不認同，但只能讓他去試試看，因為他們一直認為，他一定會在工作中碰一鼻子灰，到時他就會想通。而大學生也知道自己要勝任這份工作只能比其他人更加勤奮，因此常接一些別人不願做的調琴工作。當主管看見他的努力時很受感動，經常會抽空細心指點他，後來他不只成為一個專業的調琴師，而且還成立了一個屬於自己的調琴工作室。

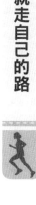

從小我們就被灌輸固定的思考模式，非黑即白，世界就只有最簡單的對與錯，因此不管我們做什麼事情，總會有人指手畫腳，希望影響我們的決定。如果我們輕易就被他人的「建議」打亂原本的決策，那就是對於自己的選擇不夠堅定，無論別人說了什麼，只要你經過認真思考，就應該堅持下去。雖然有時你的決定，不一定可以獲得別人的認同，但是為了尋找那個不一樣的自己，我們只能邁步到未知中探索。

人生馬拉松

Keep running！

想求新求變之時，遭遇意見分歧，怎麼取決自己該走哪條路？

1. 雖然走一條別人沒有走過的路，難免會擔心不知這條路通往何處，但是如果不走走看，又怎麼知道可以到達什麼地方？只要這條路與你的理念相符，懷抱著信念，怎麼走都會遇見最佳的收穫。
2. 選擇走自己想走的路，即使遇到挫折，我們也會心甘情願地承受，就算最後知道此路不通，那麼再修改路線就好，爲自己的人生負責，也就能完全爲自己做主。

加油！

Chapter 4

跌倒沒關係，再爬起來就好

★ 其實不如意才是人生的常態 ★

★ 想哭的話，也要記得先爬起來 ★

★ 不要怕留疤，那是金錢買不到的教訓 ★

★ 可以敗給別人，但不能輸給自己 ★

★ 只要你願意，隨時都可以重新開始 ★

★ 因為時間有限，才能加速成長 ★

其實不如意
才是人生的常態

與其期待每個跑步的日子都是好天氣，
不如讓自己學會
如何在不同的氣候條件之中，
都能恣意地享受慢跑。

參加馬拉松的跑者，除了必須克服個人身心的壓力與極限，也要學會面對不可預測的天氣，有時候天候欠佳就容易影響跑者的表現。例如：即使在天氣晴朗的情況下，若當天的相對濕度較高，跑步時，我們的身體會更難散熱，因此很容易感到不適。遇此情況，通常專業的跑者都會自然地放慢預定的跑速，雖然速度變慢了，但可藉此調節生理機制，以利順暢完賽。

日常生活中，我們面對多變的天氣，也有不同的應對方式，但是遭遇人生的起伏，似乎就像遇到災難一般紛紛躲避不及，很難以平常心面對。其實人生何嘗不像天氣一樣，每天都有不同的狀態，若能學會接受這就是人生的常態，在不同的轉變中學會調適心情，堅強以對，人生就沒有過不去的難關。跑馬拉松也是這樣，與其期待每個跑步的日子都是好天氣，不如讓自己學會：如何在不同的氣候條件之中，都能恣意地享受慢跑。

全心接納獨特卻又不完美的自己

叱吒樂壇五十年，推出將近五百張專輯，更同時入主「搖滾名人堂」、「鄉村音樂名人堂」的美國鄉村音樂歌手強尼．凱許（Johnny Cash）是一位與貓王同期的傳奇巨星。

成名後，強尼．凱許為了維持在美國各州巡迴演出時的絕佳狀態，而染上酒癮與毒癮，因此導致婚姻破裂，其日漸頹圮的狀態更讓歌迷對他失去信心，但他並沒有為此改掉壞習慣，反而索性變得更加墮落。後來，進出監獄對他而言更是家常便飯，眼看就要賠上了原本美好的前程。

在那段荒唐的歲月裡，他入監無數次，有次在法庭上遇到一位法官對他說：「強尼·凱許，今天我會把你的麻醉藥判還給你，因為你比別人更明白自己想做的事，把藥扔掉，或是繼續麻醉自己，你自己決定。」

就在那個瞬間，凱許被一語驚醒，因為在內心中，他比任何人都渴望能夠回到從前正常的生活，找回過往的輝煌舞台。於是，他決定向醫療單位求助，一心戒掉癮疾，並向醫生宣告他的決心。但醫生看過太多戒毒失敗的案例，起初還語帶保留地告訴凱許：「想戒毒比看見上帝還要困難。」

凱許如此回覆：「我相信一定能找到上帝。」

於是他開始走上長達十數年的勒戒之路，平時，凱許把自己鎖在臥室裡足不出戶，獨自忍受毒癮發作時無盡的痛苦，只有在舞台上演出時，才能找回往日的自己。

在這段期間內，他拒絕使用任何的藥物與鎮靜劑。後來，有位牙科醫生不慎傷了他的下顎，如果要做矯正手術，他就得注射麻藥和止痛劑，為了怕毒癮再上身，他斷然拒絕開刀，就這樣帶著破碎的下巴，強忍牙疼，繼續唱歌，並告訴歌迷：「我只有站在舞台上唱歌，才會忘記疼痛！」

歷經十數年的勒戒生活，凱許總算成功擺脫了毒癮，他對重返人生常軌的意志力再次挽回了歌迷的心，甚至贏得更多人的認可與熱誠回應。

後來，當凱許回憶起那段不羈的人生時，他有感而發：「當時，我以為自己這輩子就這樣結束了，但是我醒悟後，發覺犯錯並不算什麼，只要勇敢去改正，生活仍舊可以繼續前行。」

其實犯錯並不見得會影響人生的方向，但大多數人都因無法承受犯錯帶來的後果，而不敢跨出去勇於修正，因此很多人一輩子都抱持著鴕鳥心態，走不出盲目的錯誤，放棄了自己對人生的主導權，跟隨命運的走向而隨波逐流。

其實，就如同你跑步時總會遇見曲折的山路，或是不擅長的坡道，甚至因此造成運動傷害，失去了對跑步的自信。但對每個人而言，這是跑到預定人生目標的必經之路，既然難以避免，就應該放寬心去接納這些可能的缺陷、錯誤和危機。有時候，唯有在這樣特殊的時刻，我們才能真正體察到自己的原貌與謬誤，因而發覺自己的獨特之處，或是藉此開發自己其他的天賦、習得更多的技能，反而能讓未來的人生之路走得更長遠、更穩健。

轉換心態，就能看見不同的風景

晚清著名的企業家胡雪巖，他最叱吒風雲時曾操縱著中國江浙一代的商業經濟，個人的資金規模曾高達二千萬兩以上，並開辦了胡慶餘堂中藥店，被時人稱作「江南藥王」。

有一次，中藥鋪的採購人員不小心將價格較低的豹骨當成虎骨大量買進。而負責進貨的阿大因為手邊有太多事情要處理，再加上那位採購人員做事一向謹慎，因此阿大沒有仔細檢查，點交後就將豹骨送進倉庫中。

後來，有一個新來的副手發現這件事，覺得這是自己取代阿大的好機會，便將此事向胡雪巖密報，希望他藉此提拔自己。

胡雪巖聽到這件事後，親自帶人到倉庫去檢查，發現裡面真的有不少豹骨，當下即刻命令倉管人員將豹骨燒毀。而聽聞因為自己的疏忽而為藥鋪帶來重大損失的阿大，自責不已，隨即向胡雪巖表達請辭之意。沒想到胡雪巖卻安慰阿大說：「忙中出錯，在所難免。你還是繼續做，以後小心點就是了。」這份寬容讓阿大感激不已。

後來胡雪巖的阜康錢莊遭遇擠兌風潮。當時胡雪巖就告訴自己：「最好忘掉自己是阜康錢莊的老闆，當自己只是胡雪巖的『總管』，胡雪巖已經不能處理事情，只好委託自己來處理這些事。」以此告誡自己：一定要放下得失之心，在關鍵時刻，才能集中全力去面對危機，找到解決的策略，讓自己逢凶化吉。

由此，不難理解為何胡雪巖能夠遊走於當時的官界與商界，成為雄霸江南的一方之賈，因其無論是在面對他人的過錯或自己的困境時，他依舊能夠平常心以對，不因當時個人的財富與權勢而遮眼。如此放寬胸懷，坦然接受一切，把心思放在解決當前的危機，而非處理人為的情緒上，長遠的眼光與寬厚的胸襟，正是他逐步走過危機、邁向頂峰的關鍵心態。

有時候，我們會以為犯錯已無法挽回，其實解決問題才是最有建設性的方式，無論是把自己痛罵一頓，或是把犯錯的人開除、調職，都無法解決因為錯誤而衍生的問題。然而，如果因為怕犯錯過度小心翼翼，又顯得矯枉過正。如同美國著名領導力專家約翰．麥斯威爾（John Maxwell）所說：「我們所犯下最嚴重的錯誤，就是一直害怕自己會犯錯。」事事小心，到頭來雖然可能踩到較少的地雷，但自己的成就也將因此受限。不論前方的賽道是平坦或陡峭，不論今天的天候是晴朗還是陰雨，都是自然的常態，訓練自己成為能夠「視挫敗或變化為挑戰」的人，不管遇到人生再大的風浪，都能乘風破浪，抵達目標的彼岸。

人生馬拉松

Keep running!

當你跑到人生較吃力的路段，該如何轉化心態？

1. 人生的路途，就和跑馬拉松一樣，總是有上坡也會有下坡，遇到跑得很吃力的路段也不能停滯不前。你可以試著把腳步放慢，等到體能適應坡度以後再慢慢增加速度。
2. 在人生的路途之中，難免會有「我爲什麼會把自己弄得如此狼狽？」的想法，試著回想過去自己設定目標時的決心，爲自己的內心重新注入一股正面的能量。

加油！

想哭的話，也要記得先爬起來

有些事情不是因為難以做到，
所以我們才對自己失去自信；
而是因為我們對自己失去自信，
所以事情才顯得難以達成。

一度罹患重度憂鬱症長達六年的藝人歐陽靖曾說：「在我開始跑步之前，我從來不知道跑步可以教會我這麼多。我曾經意志不堅，也曾經沒有自信；尤其在那樣的歲月裡，我認為自己什麼事都做不到。」過去歐陽靖因為飲食失調變胖而唾棄自己，甚至還不斷質疑自己存在於世的價值，也因為對自己極度沒有自信，所以有段時間幾乎足不出戶。

在數年之後，陪伴她的愛貓譚大寶過世，讓她開始跨出慢跑的第一步。在她第一次參加全程馬拉松的那個早上，雖然前一晚根本睡不覺，但還是精神奕奕地對她的朋友說：「今天是我的生日，是我重生的日子！」

歐陽靖曾經拒絕嘗試新的事物，也總是告訴自己：「我一定會失敗。」最後卻因為開始跑馬拉松，而找回人生的自信與目標，甚至對即將來臨的難關充滿期待。

跌倒了也無妨，更要謙卑以對

郭泓志是台灣史上第四位登上美國職棒大聯盟的棒球選手，在國內棒球界他被譽為「神的左手」，但是神並沒有特別眷顧他，反而讓他的棒球之路不斷受挫。

從小就好動的郭泓志，因為父母希望他可以在學校發洩多餘的精力，自小學開始他就加入學校的棒球隊。一九九八年，郭泓志代表台灣參加亞洲青棒賽，之後沒多久，就被美國的洛杉磯道奇隊選中而簽約，隔年就赴美受訓。

二〇〇〇年四月十日，未滿十九歲的郭泓志第一次在小聯盟登板投球，但是左手肘韌帶卻因傷斷裂。那是他第一次受傷，醫生告訴他只要休息一年後就會好。後來他回想年輕時的自己，感嘆那時把復健的任務想得太輕鬆了，即使能順利復原，投球的感覺也沒辦法像之前一樣順暢，一切都要重新開始訓練。

過去的郭泓志在投球時，容易把得失看得太重，他總是告訴自己：「今天我投球，進球場我就是要贏，一定要表現得很好。」但是歷經過多次受傷的他，逐漸調適心態為：可以上場就是最開心的事，不管丟幾局、失幾分，只要還能夠繼續站在投手板上就好。

至今郭泓志已經進行過五次手術，一再歷經受傷、手術、復原、復出，他仍舊繼續追逐自己的夢想。

他說：「不管做什麼事情，跌倒都會學到教訓，你只要懂得爬起來就好。例如我在復健、復原的過程中，付出非常大的心力，也忍受很多痛苦。很多人都會問我：『你這麼輕鬆，只上去投一局，然後一年可以賺這麼多錢，看起來過得很好。』但他們不了解，當我為了投那一局，背後要付出多少努力，是外人很難想像的。」

現在的郭泓志仍未放棄對投球的熱誠，回到台灣繼續為職棒盡一份心力，而其不斷重生的軌跡，更讓台灣球迷尊稱他為「不死鳥」。過去的郭泓志面對比賽的態度往往很強硬，現在的他則把這份執著用在人生上，讓自己在不同階段的棒球生涯中，都能盡力投出自己最好的成績。

就因為郭泓志可以理解跌倒要再爬起來的痛苦，所以面對自己的人生，就會變得更加謙卑。然而無論是對於投球，還是人生的挫折，若我們用謙卑的態度來面對挫折，就不會輕易放大自己的痛苦，像小孩子一樣，坐在原地放聲大哭，只希望受到別人的關懷與注目；反而會自己默默地努力，試著再爬起來，即使扭傷了腳，也要一步一步，緩慢地向終點靠近。

最後的自由，就是選擇自己的態度

第二次世界大戰期間，在德國的納粹集中營裡，德國士兵經常要求英國戰俘和他們比賽踢足球。然而納粹從不給戰俘足夠的食糧，讓他們餓得頭昏眼花，自然也沒體力踢球，納粹士兵就能輕鬆取勝，再嘲笑英國人軟弱無力。

但是在某一年的聖誕節前，有一場比賽卻發生出乎意料之外的結果，也震驚全場觀眾。其中一位英國球員貝魯姆在被俘虜前是一位出色的狙擊手，他在賽前吃了事先累積下來的存糧，讓自己有足夠的體力參加比賽。開場的前三分鐘，貝魯姆不僅打亂納粹士兵的防守，還衝入禁區並射門得分。雖然最後德國隊仍然獲勝了，但是貝魯姆打破了德國人戰無不克的紀錄。不難想見賽後沒多久，貝魯姆就被納粹士兵秘密處死了，其實他也早就預料到自己會有這樣的下場。

一位英國作家曾經多次提及貝魯姆，他認為在那場球賽之後，貝魯姆成為集中營俘虜們的希望和支柱。

五十多年後，英國的一家體育電台播出了這個故事，結果接到許多回應的電話，其中有一位是貝魯姆的戰友，他說自從貝魯姆進了那一球後，他就堅信英國一定會打敗納粹。貝魯姆雖然遭受納粹士兵的折磨，但他卻沒有喪失自己的意志，決心在絕境面前奮力一搏。

事實上，有些事情不是因為難以做到，所以我們才對自己失去自信；而是因為我們對自己失去自信，所以事情才會顯得難以達成。然而用謙卑的態度來面對挫敗的事實，讓我們更能在跌倒的經驗之中，找到自己失敗的原因，並且知道如何才能避免再次因為同樣的問題而跌倒。

只要找到解決的途境，也可以漸漸贏回自己的信心，讓自己重新回到以往的步調，甚至可以找到更適合自己的節奏。

納粹集中營的倖存者維克托．弗蘭克爾（Viktor E.Frankl）曾說：「在任何特定的環境之中，人們還有一種最後的自由，那就是選擇自己的態度。」讓自己懷抱著信心面對困境，才能在艱難的環境之中，同樣能點燃生存的意志之火。

人生馬拉松

Keep running！

遭遇跌倒、挫折時，怎麼重建自信？

1. 爲自己打氣，相信自己起碼有能力發揮平時的水準，然後只要盡力就可以了。正所謂謀事在人，成事在天，抱著平常心去面對挑戰，無論結果如何都了無遺憾。
2. 讓自己盡力去做一件過去自己一直視爲「罩門」的事，並且把「自我認同」與正面的感受加入每天的思考與行動之中，就愈來愈能展現出自己最好的一面。

加油！

不要怕留疤，那是金錢買不到的教訓

失敗其實並不可怕，
只要你能細心檢討過失並且累積經驗，
最後那些經驗就會成為人生中
用錢也買不到的寶物。

在一場馬拉松比賽中，時常看見許多跑者雖然已經扭傷，跛著腳跑步，但是大部分的選手卻不會輕易因此放棄比賽。普通人只要膝蓋瘀青，走路就會隱隱作痛，更何況是參加馬拉松跑步。不過並不是跑者感覺不到痛，而是他們知道只有忍受痛苦才能跑向目標。

因此，即使跑者身上都是因為跑步而留下的疤痕，也只會成為他們的「戰果」，不會變成阻止他們繼續跑下去的障礙。

就好像參與極限長跑的跑者林義傑，他曾在北極挑戰攝氏零下三十度左右的八十公里極限長跑賽，在奮戰七小時，約莫跑了四十公里後，雖然他最後因為腳部與鼠蹊部受傷，決定退出比賽。但當他坐上媒體的採訪車，脫下厚重的外衣時，才發現內層全都已結冰，就連他帶在身上的運動飲料，也早已結凍，根本不能喝。如果不是因為受傷，或許林義傑就會在身體近乎「結凍」的情形之下，咬牙跑完賽程。

其實疼痛是一種深刻的身體記憶，那會提醒你要從過去的經驗中記取教訓。如果你曾經在某個地方跌倒，下次就會知道應該怎麼爬起來。沒有那些嘗試和挫敗，對於人生就沒有危機意識，就好像如果你曾經被熱水燙傷，下次就不會貿然觸碰。我們總是會因應眼前的問題，找到適用的方法，所以不要害怕在人生的過程中烙印疤痕，那些痛苦和失敗的折磨，都是人生中不可多得的教訓。

珍惜此生用錢買不到的東西

日本前八佰伴集團總裁和田一夫，他的父親沿用岳父銷售蔬果的名號「八佰伴」開了一家蔬果店，而和田一夫身為長子，所以年紀輕輕就繼承了這家蔬果店。

但是在他二十一歲的時候，蔬果店卻因為一場大火付之一炬，幾乎燒得他一無所有。為了重振家中經濟，他將原店址的土地抵押，租借三百坪的地重新蓋一家超級市場，並且成立「八佰伴」，開始他的零售業之路。

一九六一年，他到美國考察完流通業後，決心推動跨國連鎖超市。一九七〇年起，巴西的經濟迅速竄升，而且關稅很低，於是八佰伴隔年在巴西聖保羅開了第一家海外分店，之後又陸續開了四間分店。然而好景不常，一九七六年面臨全球石油危機，當時八佰伴在巴西的分店被迫關閉，這個經驗也讓和田一夫明白，資金不能挹注在同一個地方，於是他開始想在亞洲的各個國家駐點，四處都不留死角地發展。最後，和田一夫在十六個國家總共開設了四百五十家店，員工高達兩萬八千人，年營業額更超過五千億日圓，八佰伴集團也躍升為世界零售業的第一把交椅。

一九九七年，由於和田一夫的弟弟被指控欺騙日本財政部而受到制裁。當時，日本媒體聲稱和田一夫將大量資金調動到業績較好的中國分店，因而拖垮日本八佰伴。一夕之間，和田一夫從八佰伴的總裁轉變為連累八佰伴股東和員工的人。後來和田一夫決定宣布「個人破產」，交出八佰伴的一切主控權，向企業界告別，搬到租屋處。

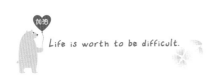

雖然和田一夫一開始不習慣離開商界的生活節奏，已經七十多歲的他經過一段時間的沉澱，決定用半年的時間認真閱讀，冷靜反思過去，同時也看看世界知名的領導人遇到挫折的時候，在想什麼、如何重生。

有時候，坦誠面對失敗，是最好的解決方法，挫敗一旦成為事實，最重要的是要正視問題；不能正視失敗，只會讓事情愈來愈嚴重，而失去改正問題和挽救損失的時機。就好像和田一夫相當清楚八佰伴的倒閉，不僅為股東和合作廠商造成重大的損失，也為員工和消費者帶來許多困擾，所以他選擇宣布破產來承擔責任，對此他曾說：「我擁有太多資產，只需要隱瞞一點點，就不會一無所有，但我不想這麼做，我要為自己的過錯負責。八佰伴破產後，大批人面臨失業，許多人遭受損失，我要把自己所有的財產拿出來，盡到一位領導者的責任，這也是我日後東山再起的另一種資本。」對於和田一夫而言，讓自己一無所有就是他重新創業的動力。

事後也證明和田一夫一肩扛起責任的態度，讓他受到眾人的敬重。就在他宣布破產一年之後，年近古稀的和田一夫不僅成立企業諮詢公司，同時他還出版《從零開始的經營學》一書，來探討自己失敗的原因，和田一夫在書中說道：「失敗是我的財富，我想將這個企業諮詢網像當年八佰伴一樣拓展到亞洲，甚至全世界。」他隨後又與一位二十七歲的年輕人合作，涉足ＩＴ領域，只用不到二年的時間就帶領公司上市。

面對跌倒受傷的疼痛，有的人選擇放任，或是忽視問題發生的原因，但和田一夫能夠儘量收拾善後，讓傷口得以止血、癒合，這就是他為人所佩服的地方。

困境是一帖良藥

戴爾．卡內基（Dale Carnegie）是美國著名的人際關係學大師，他在一九三六年出版《卡內基溝通與人際關係——如何贏取友誼與影響他人》一書，七十年來始終被視為傳授社交技巧的聖經。

一九〇四年，卡內基高中畢業後，就讀於密蘇里州立師範學院。因為家境貧困，無法負擔市區昂貴的生活費用，所以就住在家裡，然後每天騎馬到學校去上課。

在學時，他曾收到一張學院演講賽的宣傳單，上面載明第一名不僅可以獲得獎學金，還能增加自己的知名度。但是卡內基並沒有演說的天分，他總共參加過十二次比賽，從沒得過獎。三十年後，當卡內基回憶起第一次演說失敗的情景，還開玩笑地說：「是的，雖然我沒有找出家裡的舊獵槍，或是類似的致命東西來，但當時我的確想過自殺。那時我才意識到，自己有多差勁。」

經歷失敗後，卡內基選擇再次挑戰自我。一九〇六年，戴爾・卡內基以一篇《童年的記憶》為題的演講，獲得勒伯第青年演說家獎。這也是他第一次嘗試成功，這份講稿至今還保存在密蘇里州立師範學院的校誌裡。

面對困難，要保持正向的心態並不容易，即使連勵志大師卡內基都曾有過負面的念頭，一般人會感到困惑和迷失更是人之常情。不過，無論是首次遭遇挫折的卡內基，還是有過二次重大人生挫敗的和田一夫，再次遭受挫折還是需要透過檢討自己，以及閱讀其他成功人士的經歷來鼓勵自己，重新振作。

最重要的是，對困境要有正確的認知，因為我們很少想到「跌倒」本身為自己帶來的意義是什麼，如果未經苦難的考驗，我們就不會瞭解自己的潛力有多大。透過挫折，學會如何不再失敗，也透過失敗，知道怎麼樣鼓勵自己，進而能用正向的心態來看待問題。人都是從問題中學習，也在困境中成長，所以挫折其實是一帖良藥，他讓我們看見自己不足的地方，更讓我們學會堅強。

人生馬拉松

Keep running！

如何借重失敗的經驗，讓人生峰迴路轉？

1. 試著正視事情發生的前因後果，仔細思考問題出錯的環節，並想出解決的方法。下次再遇到同樣的狀況時，才能預防錯誤發生。
2. 如果自己無法找出問題的癥結，你可以試著從別人分享的經驗之中汲取精要，看看知名的人物遇到挫折的時候，如何對旁人的眼光處之泰然、如何控制自己煩亂的心思，或是他們在失敗時，會想些什麼、如何重生……等。

加油！

可以敗給別人，但不能輸給自己

其實給自己一點希望的微光並不困難，
何不把前往目標的路程分成好幾個階段，
從各階段累積的成就感
就會成為你前往下一個目標的動力。

當我們跑到快要堅持不下去的時候，內心總會出現許多雜音：「終點怎麼還那麼遠？」「別人都已經從折返點往回跑了我卻還在這裡磨蹭！」「雨那麼大，四處都是水窪，這麼難跑，可以完成的人一定不多，就算跑不下去也是理所當然的吧？」

我們時常就在天使與魔鬼的拉扯之中，漸漸緩下了自己的腳步。

事實上，終點並不真的如此遙遠，真正飄忽不定的是你的心。如果你的心可以堅定地陪伴著你，那麼人生賽程中再也沒有任何事物可以輕易擊敗你，阻止你往前進。

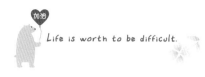

可以跑最後一名，但不能輕言放棄

在一次行軍之中一支小分隊突然遭遇敵人的襲擊。混亂中，有兩位士兵衝出了敵人的包圍，結果卻不慎逃進沙漠裡。好不容易走到半途，兩人的水已經喝到一滴不剩，其中一位傷勢較輕的士兵只好把槍交給了受重傷的同伴，並一再叮囑他：「裡面還有五顆子彈，我走後，每隔一小時就對空鳴放一槍。槍聲會指引我前來與你會合。」自己便出發去尋找水源。

躺在沙漠中的士兵心想：「他真的可以在沙漠裡找到水源嗎？不知道我的槍聲他聽不聽得到？他會不會丟下我獨自離去？但我實在是走不動了！」

當太陽逐漸落到地平線下，受傷的士兵手上拿著一把只剩一顆子彈的槍，深覺同伴早已棄他而去，自己只能留在這裡等待死亡的降臨。最終，他徹底地崩潰了，把最後一顆子彈送進自己的太陽穴。

可是就在這最後一聲槍響過後不久，他的同伴提著一大壺清水，領著一隊駱駝商旅起來，沒想到，留守的士兵衝出了敵人的槍林彈雨，最後卻倒在自己的槍口下。

到了緊要關頭，一個人會選擇放棄，通常都是因為他把自己困在心的牢籠中，不願意敞開心房，所以只能朝最悲觀的方向思考，直至扼殺僅存的一絲希望。

其實給自己一點希望的微光並不困難，就好像當我們肚子餓的時候看見一塊美味的牛排，正想要大快朵頤之際，還是要先將牛排切成小塊才能吃，放入口中後也要經過幾番咀嚼，否則根本無法下嚥。跑步也是如此，要經過每一公里的路程累積才能到達終點，想要一口氣跑到終點，就好像直接把整塊牛排吃進肚子裡一樣，幾乎是不可能達成的任務。所以何不試著把前往最終目標的路程，分成好幾個階段，逐段地完成進度，這樣一來，你的心理負擔也會比較小，之前所累積的成就感也會成為你通往目標的動力。

活在自己的使命中

蘋果公司創始人史提夫・賈伯斯曾說：「你的時間有限，不要浪費時間虛耗在別人的生命裡；不要被既有的教條迷惑，那樣不過是活在別人的思想之中；別讓自己的心聲被眾多意見的雜音所淹沒。最重要的是，鼓起勇氣跟隨你的心念與直覺，他們其實早已知道你想成為什麼樣的人，除此之外沒有再更緊要的了。」

賈伯斯的人生也是一段曲折的故事。他原是蘋果公司的創始人之一，卻在一次董事會議中失去公司主導權，後來便黯然離開自己親手創立的企業。但他並沒有選擇放棄，憑藉著專業又再成立一間電腦平台開發公司NeXT，甚至還另外成立一家動畫製作公司皮克斯（Pixar），著名的動畫電影系列《玩具總動員》，就是由皮克斯出品。

幾年後，當蘋果公司面臨營運危機，董事會決議收購NeXT，並重新聘請賈伯斯擔任公司的執行長。其後在賈伯斯的帶領之下，開發出全球熱賣的產品iPhone、iPad，蘋果公司躍升為全球最有價值品牌的第一名，賈伯斯也成為當代最重要的人物之一。

當初的賈伯斯無法預知自己會再重回蘋果，更不可能對自己引領的風潮未卜先知，但他希望可以在有限的時間以內，活出自己的使命，因此為人生寫下了一段值得稱頌的傳奇。

或許你以為自己是個內向的人，認為自己沒有獨立完成一件事的能力，找不到工作待在家中發悶，不時接到家人朋友擔心的問候簡訊，還得應付外人質疑甚至嘲笑的話語，如果面對這樣苦悶的現況，你都能照常度過日出日落的每一天，那為什麼不試著走出去，拋下所有無意義的雜音，相信自己可以走出一條開闊的人生道路，就算還沒達到人生的目標，也要在前往目標的路上繼續努力。

人生馬拉松

Keep running！

前進目標的路途中，如何戰勝消磨意志的心魔？

1. 當你跑到十分痛苦難熬的時候，可以試著把心力分散到其他的地方。告訴自己：「只要再堅持一分鐘。」一分鐘過後，再告訴自己：「都已經堅持一分鐘了，何不再試著堅持一分鐘？」這樣一來每完成一個階段，就會爲你再增添一分信心。

2. 人在疲累之中難免會想：「我離目標還有多遠？」何不試著想像自己到達終點的樣子，加強自己續航的動力。

加油！

只要你願意，隨時都可以重新開始

重新出發並不是要你放棄過去努力的成果，
而是用不同的方法，或是不同的心態，
來面對同一件事，
才能找到真正適合自己的出路。

對於一場馬拉松而言，最重要的除了賽前的練習和準備之外，正式起跑後也必須隨時注意自己的速度和身體狀況。如果沒有掌控好跑速，致使體力下降，很有可能跑到半途就後繼無力。因此在比賽中最重要的就是專注於自己的生理和心理狀態，隨時調整自己的狀況，才能跑出最理想的成績。

人生也是如此，如果生活過得不如意，何不轉換另一個想法，調整一下原本的步調，也許心中的壓力就可以減輕許多。在大自然的法則裡，只有經歷風雨後的天空，才能出現彩虹。學會接納人生中不同的風景，心中才有穩定的能量來面對人生的風浪。

調整方向之後，再重試一次

事物於己的正反影響往往只有一線之隔。眼前的僵局可能是考驗自己能耐的良機；看似幸運的時刻，更要小心因一時疏忽大意，而種下未來樂極生悲的變數。當我們遭遇不幸的時候，必然會感到沮喪，但其實不幸的背後，時常都隱藏著一份美好的祝福，只是你可能因憤世嫉俗而看不見，或只是打開禮物的良機未到而已。

約翰和傑克是兩個住在鄉下的陶瓷工匠，他們聽說城裡的人都喜歡用陶罐作為裝飾品，於是就想要將自己手作的陶罐運到城裡去賣。

經過多次的試驗後，他們終於做出一批色澤精美的陶罐。看著精緻的作品，他們甚至興奮到睡不著覺，不斷幻想著未來事業的雛型，順利的話還能改善家中的經濟狀況。因此他們特地租了一艘輪船，打算把所有的陶罐都運到城裡去。

可是沒想到，乘載他們的輪船在海上遇到了暴風雨，等到風雨過後，大部分的陶罐都撞成了碎片，頓時兩人所有的夢想也跟著破滅。眼見這些陶罐已經無法拿到市場上販售，約翰便提議說：「不如我們先去飯店住一個晚上，既然都進城了，先休息一下，明天到城裡走一走，再想想看有沒有別的辦法。」

傑克看著破碎的陶罐，傷心地抱怨說：「你還有心情去城裡閒逛嗎？難道你不知道我們的夢想已經跟著這些陶罐一起破碎了嗎？」

聽了傑克的話，約翰心平氣和地對他說：「我們都已經失去那些陶罐了，這是無法改變的事實，假如我們還因此變得不快樂，那不就更雪上加霜了？」

聽了約翰的勸告，傑克覺得也有道理，於是兩個人決定還是按原訂計畫進城。沒想到，他們竟意外發現，碎裂的陶片很像城裡人用來裝飾牆面的材料。於是，他們索性把剩下那些完好的陶罐也全部打碎，並修整成方塊狀的馬賽克陶片，賣給城裡的建材店，最後他們不僅沒有希望落空，反而因此得到更豐厚的報酬。

重新出發並不代表你必須要放棄過去努力的成果，而是用不同的方法，或是不同的心態，來面對同一件事，最後才能找到真正適合自己的出路。就好像停車一樣，如果用四十度角停不進車位，那麼就要重新調整方向，無論是三十五度也好，或是四十五度，找到合適的角度才能順利把車子停好。跑步也是同理可證，如果沒有調整好步調、不能穩定速度，不如緩下來整理自己的呼吸和思緒，才能跑得更順暢。

人生的幸與不幸，由自己決定

有一個平凡的家庭，丈夫本來是一家工廠的員工，後來妻子因為一場車禍導致下半身癱瘓，生活不能自理，因此丈夫不得不辭去工廠的工作，在家裡照顧妻子。

看到家中遭遇變故，懂事的兒子想要輟學去打工，但是父親並不同意他這麼做。爸爸對兒子說：「如果你不繼續念書，媽媽會覺得自己連累你，心裡會更加難過。我們現在雖然過得苦一些，但是等你將來考上大學，畢業後找份好工作，我們不就能過好日子了嗎？再說家裡還有我，辛苦一點而已，沒有過不去的難關。」於是，兒子被父親說服而沒有選擇輟學，對於父親的期待，兒子也用勤奮讀書來回應。後來學校知道他們家艱困的情況，還減免了他的學雜費。

不過，僅靠著別人救濟終究解決不了問題。丈夫心想既然不能出去工作，那就在家裡做一點工藝品，賣給街上的商店，多少能有一點幫助。後來妻子也加入，兩個人在家裡一邊做手工藝，一邊開心聊天，絲毫看不出貧困生活為他們帶來的痛苦。

丈夫很知足地對妻子說：「雖然你不能走路，但是我們每天都能在一起，這樣不是也很好嗎？」

丈夫在做手工藝之餘，每天都會幫妻子按摩，為此妻子的病情也漸有起色，癱瘓的雙腿終於有些微知覺。

二年後，妻子撐著拐杖練習走路，即使復健很辛苦，但妻子還是每天咬著牙練習。她說：「雖然醫生說過我的雙腿很難恢復到原本正常的樣子，但我還是想要試試看，能不能出現奇蹟。」

或許時至今日這個家庭的生活仍舊完全走出困境，但我相信，只要一家人可以共同為未來努力，境況就會漸漸好轉。就像佛家說：「放下屠刀，立地成佛。」只要內心決意不再繼續為惡，那麼就能走回正途。面對困難也是如此，如果我們有心解放抑鬱的情緒，生活就不會再為磨難所苦。

如果遇到困難和挫折，懷著事情還會有轉機的豁達，即使困境仍未解決，至少不會讓自己的心情沉浸在悲慘之中。面對生活的考驗，你可以選擇積極解決，也可以消極以對。何必跟自己過不去呢？如果心中願意朝向陽光，人生永遠可以看得見希望。

人生馬拉松

Keep running！

如何頓悟放下，重新邁出第一步？

1. 做一件對生命有意義的事，比如在慈善團體中擔任義工，透過幫助別人，讓自己明白：「我不是這個世上最悲慘的人」，也讓自己知道：「我還有能力可以幫助別人」，進而打開心中難以化解的結。

2. 試著轉換心境，如果馬拉松比賽當天不斷下雨，讓你心情煩悶，你可以先穿上雨衣，然後告訴自己：「今天氣溫比較低，跑起來反而比平常更涼快。」

加油！

因為時間有限，才能加速成長

在有限的人生裡，
如果想看見不同的風景，
就要掀開心中那道緊閉的門，
付諸行動，尋找不一樣的自己。

馬拉松跑者在剛入門時，要先訓練跑到目標的耐力，但是成為專業的馬拉松跑者以後，就要開始思考如何在長跑之中追求更快的速度。不過現實的困境是如果跑太快就跑不遠，速度過慢就難以有所突破，於是在這樣兩難的問題中，就有所謂「間歇跑」的技巧產生，在衝刺快跑與調息慢走之間相互交替，用最有效率的方法來使用體能，才能在耐力與速度之間取得平衡。

其實人生也是如此，總是在有限的條件之下，方法才能相應而生，如果沒有外在限制，那麼我們就不會認為自己需要進步。

生命就是一個循環，由出生到死亡，每一種生物都有特定的時限，現在人類的壽命最長也只能活到一百一十歲左右，所以我們才會想盡辦法在這個時間內，完成自己想做的事。也因為我們有生存時間與條件的限制，才更能突顯自己想要活出什麼樣的人生。

人生有限，才能知道自己要什麼

法國賣座電影《逆轉人生》（Untouchables）二〇一二年初在台灣上映，內容講述一位性格樂觀的黑人德里斯，在一次應徵看護的機會中，被一位因為跳傘不幸導致全身癱瘓的富豪菲利普所錄取。一般而言，要找一個合適的看護，條件不外乎要具備專業的護理知識與實務經驗，才能細心觀察病患的身體狀況。然而德里斯卻是毫無護理的經驗，甚至帶著菲利普開跑車四處奔馳、抽煙，還擅自為菲利普和他的女性筆友安排見面。也許聽起來這個看護根本不及格，但就像菲利普所言：「我要的就是這樣，沒有同情心。」他不要憐憫，也不要被當成病人。

其實我們很容易只看見表面的淺顯事物，而忽略內在的感受。菲利普面對心中難以碰觸的傷痛，需要的是一顆同理心，而不是同情。因此德里斯從不把他當成癱瘓的病人來看待，甚至時常忘記菲利普癱瘓的事實。電話響了，德里斯還將話筒懸在半空中，要菲利普自己伸手拿來聽；讓他坐在副駕駛座，而不是殘障座椅；讓他大口抽煙，忘記自己是一個病人。雖然菲利普是因為跳傘而癱瘓，但他心中仍想要再次體驗在空中飛翔的感覺，但是沒有人願意帶他去，連他自己都沒有再次嘗試的勇氣，只有德里斯讓他去完成那些內心渴望已久的夢想。

另一方面，因為菲利普無法行動自如，才看得見德里斯心中那顆善良而真誠的心，不只是把他當成一個前科累累的黑人。他們兩個人經過衝突與磨合的過程，最後轉為真摯的友誼，直到現在，在現實生活中，菲利普和德里斯仍舊是很好的朋友。

也許你會覺得時間永遠都不夠用，就好像古人喜歡追求長生不老一樣，但是如果真的永遠都不會老，生命也不會結束，那麼我們就不需要在最短的時間內進步，更不明白在人生之中什麼事情對自己而言最重要。因為我們擁有的時間很有限，所以知道要珍惜生命；也因為過去曾經遭遇過低潮，所以更可以體會到平淡就是幸福。

歷經困難，才能看見真實的自我

二十六歲的菲歐娜．坎貝爾從十六歲開始就喜歡徒步旅行，她曾經用兩年多的時間，步行一萬六千一百八十一公里，途經十四個國家，幾乎跨越整個非洲大陸。

在這趟旅程中，最艱苦的日子是在薩伊共和國境內，當時她和野外生存教練米爾斯走到哪裡都受到當地人的攻擊，甚至向她們扔石頭，毆打她們。

她在接受記者的訪問時說：「當地人仇視我們，以為我們是人口販子，或是專吃嬰兒的野人，當大大小小的石頭落在身上時，唯一的辦法就是保持原來的速度繼續前進。人生的一切都是注定好的，不需要抱怨，也不用意志消沉。」更不幸的是後來她和米爾斯都得了痢疾，為此她們在熱帶雨林裡受困長達七個月，由於雨林內濕度非常高，所以從早到晚，她們的頭髮都沒有乾過，衣服也發霉了，身上到處都是膿瘡，難以癒合。她指著身上圓錐形的膿包對記者說：「你看這個外表結痂的傷口，看似快好了，其實裡面還在潰爛。」

儘管如此，菲歐娜從沒想過要放棄，她說：「當你不知道何去何從的時候，你會感到世界是如此空曠，廣闊而令人迷茫。那一次折磨的探險，讓我吃了兩年的苦頭。回到正常的世界裡，我更想要好好安排自己的生活。」

在這樣長途跋涉之中，菲歐娜的想法產生很多轉變，她曾經跟隨身為皇家海軍軍官的父親搬了二十二次家，更轉了十五次學，因而怨恨父親，但當她走完跨越非洲的五千公里路程時，也走出了對父親的埋怨，更走出了原先狹小的視野。

路途中，她對自己原有的文化背景也有深刻的反思：「在非洲，有些日子是我一生中最幸福的時光。在非洲人身上，我看到一種恬淡的和諧。因為他們擁有真正的快樂與單純的友誼，對人的洞察力也遠比西方人強，我們不擅長傾聽別人，而他們隨時都很注意你的一舉一動，包括身體語言。在他們面前，你無法掩飾自己的想法。」

菲歐娜的行動力是許多人所缺乏的，她把夢想付諸實行。而且在過程中也提升了自己對新環境的適應能力，和感受環境氛圍的敏銳度。當她處於不同以往的異境中，才更知道自己是誰，自己想要什麼，也因此體驗到生命的價值。

在有限的人生裡，如果想要看見生活不同的風景，就要掀開心中那道緊閉的門，用真實的行動去尋找人生中不一樣的自己，把過去負面的回憶轉化為人生精彩的經歷，也能收穫比別人更多的心得。就像走遍非洲的菲歐娜一樣，經過孤獨，才能理解家人對自己的重要性；看見不同文化的優點，就不會再有種族的優越意識；歷經過迷失的時刻，才能理解「清楚自己要什麼」的重要性，如同我們藉由限時的馬拉松，才能看見一再超越極限的自己。

人生馬拉松

Keep running！

如何穿透現況的表象，看見真實的現況或自我？

1. 爲自己設定一段時間，去完成一件自己從來不曾做過的事。如果還沒有跑過馬拉松，你可以給自己半年的時間練習，然後報名一場半馬，或是全馬。完成以後，你就能更清楚，自己的極限在哪裡。
2. 埋首在工作裡太久，會讓生活漸漸失焦，何不試著放自己一個假，體驗不同的生活，收假後你就會知道如何調整自己的生活節奏，更瞭解自己心中眞正的想法。

加油！

Chapter

5

和自己對話，享受一個人的孤獨

★ 心理的極限，才是身體的極限 ★

★ 突破撞牆期，夢想之門就在眼前 ★

★ 學會在人生的起落中，享受一個人的孤獨 ★

★ 享受生命的起伏，在哪奔跑都能身心大豐收 ★

★ 鬆開糾結的內心，大聲說出自己的想法 ★

★ 永遠別忘記，自己在這裡奔跑的原因 ★

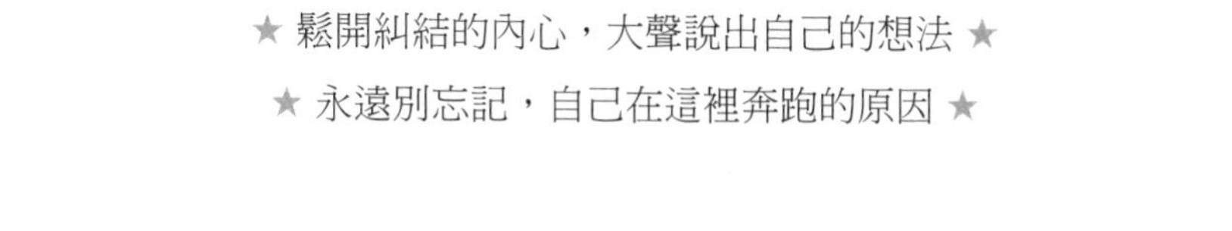

心理的極限，才是身體的極限

當你面對問題的時候，
把困難當成你的朋友，而非敵手，
生命便會用最奇妙的方式，
和你的生活節奏產生共鳴。

每位馬拉松跑者都期望自己能夠在未來的比賽中突破個人的最佳紀錄，所以在賽前會做許多練習，無論是細心設定每週練跑量，還是飲食控制，為了在競賽的過程中突破自我而做好十足的準備。像日本超馬名將工藤真實，她會在賽前做想像練習，在腦中模擬自己盡情奔跑的樣子，讓身體記住跑步順暢的正面感覺，並告訴自己一定能做得到，而不是「我辦不到」。畢竟在嚴峻的環境裡，除了自己的實力以外，能否順利完賽，還是取決於自己的意志。

人生就和馬拉松一樣，其實都是一場「持久戰」，透過一次又一次的突破，肯定自我，不再逃避。當你好不容易穿過賽程終點的時候，雖然全身痠痛，甚至有些寸步難行，但是回顧過去那些想要放棄、忍不住怠惰的時候，你會對已然跨越障礙的自己感到欣慰與驕傲。

面對問題，才能設法解決問題

在人生中，每個階段會遭遇到的困難都不相同，這就是我們必須跨越的障礙。比如：結婚後，我們要適應和另一半共同生活的氛圍，從最初的排斥經過中間數年的磨合，到最後找到彼此都覺得最舒服的生活方式，何嘗不是一個漫長的過程。有人曾經說過：「兩個生活習慣不同的人共同住在一個屋子裡，或多或少都會產生歧見，當問題出現的時候，我們要想該怎麼解決，而不是放任衝突發生。」有時，夫妻之間的爭吵也是讓對方瞭解自己想法的契機，若彼此未盡心力就放棄磨合，輕易走上「分手」、「離婚」之路，就是一種逃避的行為。一個會逃避婚姻問題的人，通常也難以解決人生中其他的難題，因為他無法看清自身的盲點，更不信任自己有克服阻礙的能力。

在工作上遇到困難時，直接選擇辭職，也是一種逃避的態度。因為在真實世界中，符合我們理想的工作並不多，也許是你無法適應工作的步調，沒辦法和別人互助合作，或是工作壓力讓你喘不過氣……等，既然問題的根源來自於你尚未療癒的心病，那麼再多換幾個工作，情況也不見得會改善，一再轉換只會讓自己更加喪失在工作上站穩腳步的信心，看似逃離了原有的問題，實則壯大自己習慣背對問題的心魔。

與其如此，不如在一開始遇到障礙時，就抱著「非突破不可」的決心，一旦有解決問題的決心，有時看似不可撼動的主觀、客觀因素也會悄悄地朝著你預想的情況改變，何不多給自己一次放手一搏的機會？其中的收穫或許並非現在的你可以料見。

有兩位年紀將近七十歲的老婦人，其中一位老婦人認為自己的人生已經快要走到終點了，所以開始思考自己的遺產安排事宜；而另一位老婦人卻認為，自己雖然快要七十歲了，但還有好多夢想沒有實現，她總思索著如何把握有限的人生，才能減少此生的遺憾，因此，她下定決心在接下來的二十五年內，徒步登上世界各大山峰，這位老婦人就是胡達．克魯刻斯（Hulda Crooks）。

一九五〇年胡達正值五十四歲，那一年因為她的先生過世，讓她意識到人生其實很短暫，不能再虛度餘生，從那之後她開始愛上登山運動。十多年後，即使胡達已經年屆七十歲，還是多次攀登是美國本土最高的山峰——惠特尼山（Mount Whitney）。更在高齡九十二歲的時候，成功於日本富士山攻頂，突破世界爬上富士山的最高齡紀錄。對於自己的壯舉，她曾說：「一個人可以做什麼事，不在於年紀的大小，而在於自己的想法。」

一旦一個人開始認真面對生命的花開與消殞，才能彰顯自我存在的價值。以胡達．克魯刻斯的故事為例，即使她已高齡九十二歲，還是可以登上日本富士山，可見心中有多大的願景，就能突破生理上的限制，讓夢想不再遙不可及。

當你孤身一人處於人生的上坡路段，可能會心生恐懼、不禁想要退怯，但想想老婦人胡達在年近古稀之際，面對高嶽而毫無懼色，就知道現在自己的想法完全是出自於對生命的過度擔憂。這時，你應該為自己打氣：「即使不倚賴任何人，我也能夠做得到！」接納本能的負面反應，再不斷用正面的能量灌注自己，這樣的你，能聽見恐懼的緣由，也能成為自己心靈的良醫。

用專屬於你的夢想感動全世界

當你有心要征服一座人生的高山，一旦全心全意投入，就會發現全世界都樂意助你一臂之力。如同加拿大籍的導演馬丁．維倫紐夫（Martin Villeneuve）一樣，他曾花了七年的時間和微薄的資金拍出一部科幻大作《三月和四月》（Mars et Avril），完成了眾人心中的不可能任務。

二〇一三年二月，馬丁受邀至美國非營利組織TED進行演講，內容談及他如何在沒有足夠的資金和人脈的資源下，只憑著一股「想要拍」的信念，而圓了自己的科幻電影夢。席間，他打趣地說：「我拍了一部幾乎不可能完成的電影，但是我並不知道有這麼難，不過就是因為不知道，我才能完成這部影片。」

他用堅定的眼神望向觀眾，繼續說道：「《三月和四月》是一部科幻電影，故事發生在五十年後的蒙特婁，在魁北克沒有人拍過這種電影，因為需要使用大量的特效，導致預估的拍片成本很高。當美國的製作公司看到我的電影企劃時，認為我大約

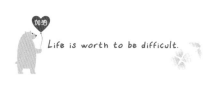

需要二千三百萬元的預算，但最終我只用二百三十萬的資金就拍完整部片了。」

稍稍停頓後，馬丁繼續述及過往：「你們可能無法想像我是如何做到的，其實在這個過程中有幾個因素不可或缺。首先是時間，如果沒有充足的金錢來源，就只能慢慢磨，所以我用了七年的時間才完成《三月和四月》。」

接下來最困難的部分，就是如何用有限的預算來邀請最出色的工作人員參與。期間，他用熱誠說服了曾指導過《阿凡達》和《變形金剛》等電影的特效製作者卡洛斯．蒙松與他合作。之所以能成功說服蒙松的關鍵在於：「因為我提供他夢想的空間，如果你沒辦法給予別人物質方面的報酬，那麼就要用其他你所能想到最美好的事物，來抓住他的心。這樣的事情在拍攝的過程中發生很多次，而這部電影就是這樣完成的。所以我想說的是，如果你的腦袋中裝有瘋狂的想法，甚至別人根本不認為這個想法可以實現，那你就更有理由去做這件事情，因為人總是容易被眼前的問題蒙蔽雙眼，所以看不到最後的結果。當你開始面對這些問題的時候，把困難當成你的朋友，而非敵手，生命便會用最奇妙的方式，開始和你的生活節奏產生共鳴。」

馬丁．維倫紐夫用美好的願景觸動他的工作團隊，才能凝結眾人之力，最後實現自己的夢想。國際建築巨擘安藤忠雄曾說：「孤獨，也要讓夢想開花。」他更深信一句日本諺語：「只要有一，就會有十。」因此，即使多數人都無法理解你的夢想，只要有心，就應該堅持下去。因為感動世界的力量之鑰並不在他人手中，而在你靈魂的核心，當你相信自己有達成夢想的能耐，一旦突破心理障礙，外在的人事物自然會亦步亦趨，所有的阻礙也將化為鞭笞你前進的生命之禮。

人生馬拉松

Keep running！

當「不可能的任務」從天而降，該如何迎戰？

1. 若你一開始就覺得「這不可能做到」，只會產生更大的阻力。何不試著告訴自己：「先做再說。」對於未來的結果，我們無法預知，只有讓自己先設定好成功的目標，才有更接近成功的那一天。

2. 在適當的時機，也要學會與別人合作，俗語說：「三個臭皮匠，勝過一個諸葛亮。」適時借用別人的長才，更能拉近現實與理想的距離。

加油！

突破撞牆期，夢想之門就在眼前

若是現在放棄的話，
比賽就結束了。
每個難關皆有定時，
你只要為自己、為人生再加一把勁！

不論經過多少次練跑的訓練，若想要挑戰總長約四十二公里的全程馬拉松，體能與精神都會面臨身心難以負荷的極限。尤其當你跑到最後十公里時，可能會因為呼吸困難、肌肉疲累而痛苦到幾乎堅持不下去，當身體在吶喊，希望你可以停下來的當下，你正遭遇的就是所謂的「撞牆期」。如果沒辦法用意志去克服這面看不見的「牆」，很容易就會放任自己半途而廢。

這不只是學習長程賽跑必經的過程，在人生中的各個階段也有可能會發生。然而就算一時很痛苦，也不能成為你就此放棄的理由，只要決定的事，就不能輕易退縮，才能運用意志力成功跨越那道無形的牆。

做好準備，不再被撞牆期制約

曾經有一個馬拉松跑者為了避免在正式參賽時遇到「撞牆期」，於是事先向許多有經驗的跑者徵詢建議，如何克服這類常見的瓶頸，大家卻紛紛表示：「無論準備得多周全，配速安排得再恰當，最後十公里的時候，還是很難避免會遇到撞牆期。」

於是，在練跑時，他都用比預計賽程更超量的訓練標準來要求自己，讓自己每週的練習量維持在一百五十公里左右，並且時常參與同好間的熱身賽來調整狀態。

終於到了他正式參賽的這一天，所有賽前的準備都已齊全，他也做好了遇到撞牆期的心理準備，沒想到，起跑後他竟然一路順利地跑到終點，也從未感到任何身心煎熬的感覺。不過，由於賽前安排的配速過於保守，讓他花了更長的時間才完賽。透過這次的經驗，他才發現以自己現在的實力，早已可用更理想的速度來完成這場比賽，雖然有些遺憾，但有了實際的經歷，他再也不擔心關於長跑可能面臨的瓶頸，因為他知道只要準備充分，自己一定能勝任。

其實，人生中所謂普遍的經驗談不一定都是正確的，就如同馬拉松的撞牆期，是當跑者沒有充足的賽前準備，和對比賽缺乏正確評估時，才會產生的障礙。如果一開始就將訓練的目標訂得更高，只要適當提升每週的練習量，並且學會如何在比賽中準確地補充水分和身體所需的養分，那麼撞牆期並不必然會出現。

就算你正陷在撞牆期的地獄中，那麼你可以試著放慢速度，讓身體盡量保持在舒適的狀態，跑到最後十公里左右再加快速度，同樣有機會可以達成目標。一旦親身經歷過順暢無阻的跑步經驗，面對下一次的比賽就能更有信心。

試想，在追求人生目標的過程中，我們是否也常被類似的撞牆期所制約？之所以面對挑戰內心搖擺不定，有時候除了你缺乏經驗以外，也可能是受到外在因素的干擾。雖然吸取過來人的經驗可以幫助我們瞭解即將面對的問題，但在人生中並非總是一體適用。

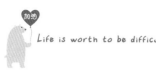

如果在還沒遭遇困難時，就已經想好失敗的退路，在心中埋下「我應該無法達成」的種子，讓自己沒有放手一搏的準備，等到真正著手處理問題時，才發現自己其

實可以在事前做更多努力，而對輕言放棄的自己心生失望之餘，與人生的目標也漸行漸遠。長此以往之下，很容易養成遇到困難就退縮的習氣。與其總是活在自己嚇自己的恐懼中，不如走出心理對自己的制約與束縛，用盡一切努力去面對人生的挑戰，當你有所突破的那一天，才發現：原來人生中每一分的自信與肯定是源於自己的努力，其他曾經心生抗拒的環節，只是自己不願全心投入的藉口而已。

還沒有到最後，誰都不知道結果

有兩隻老鼠同時掉到奶油罐裡，其中一隻老鼠很快就放棄掙扎而溺斃；另一隻老鼠則不願意坐以待斃，一直在罐子裡拚命晃動四肢以求得能爬出罐子的一線生機。沒想到經過一段時間後，奶油因為不斷地攪拌而逐漸凝固為牛油，讓牠使勁踩著牛油從罐中爬出來，終於保住自己的性命。其實老鼠也不知道最後的結果，但求生的意志終究讓他找到自救的方法。

當我們面臨人生中的關卡，內心多少會受到各種外在的影響而動搖，感覺很痛苦，甚至幾度想要放棄。其實這時候的自己，需要的不是立即見效的解藥。在最危急的時刻，別忘了：只有你是自己的救生圈，只有你擁有從泥淖中拉起自己的能力。有時情況根本不如想像中可怕，只要再多努力編織一點點，夢想之網就已成形。

就好像在日本知名漫畫《灌籃高手》中，安西教練曾鼓勵比賽中的隊員：「現在放棄的話，比賽就結束了。」如果有同樣的時間與精力，不如集中精神拚到最後，每個難關皆有定時，為自己、為人生再加一把勁，夢想之門就在那裡等著你。

人生馬拉松

Keep running！

面臨身心的極限，如何才能撐過去？

1 如果你平時能夠做好準備，突然遭遇困難就不會手足無措。試著充實自己的能力，對於強勁的挑戰，內心會擁有更紮實的信心，就此跨過身心的極限。

2 當你感覺到達身心的極限時，清楚地告訴自己：「我現在的歷練是爲了我自己（或我的目標）。」當現在的你是爲了自己而奮鬥，面對苦戰就能咬牙撐過去。

加油！

學會在人生的起落中，享受一個人的孤獨

孤獨，就如同一杯水，
要經過長時間的沉澱和萃取的過程，
才能夠成為沒有雜質、沒有污染的純水；
屏除雜念後，才能聽見自己內心真實的聲音。

村上春樹曾如此在書中分享他參加北海道薩羅湖一百公里超級馬拉松時的身心靈體驗：「跑到最後，不只是肉體的痛苦而已，連自己是誰，現在正在做什麼，大體上這些事都從念頭中消失了。」

當自己一個人在孤獨中邁步，就可以理解《百年孤寂》的作者馬奎斯曾說過的一句話：「孤獨，是人的一生中不可避免的常態，是一種境界而非狀態。」平時感覺寂寞是因為被人群孤立，而孤獨則是需要用歷練才能體會的境界。

當你在孤獨中感受生活，就會發現原來最大的幸福就是珍視眼前所看到的風景，踏實地跑出每一步，讓自己能用心去領悟生活的體會，就是

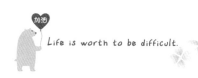

孑然一身的自己在生命中唯一能掌握的一件事。

在孤獨之中，看見真正的自己

有一家公司歷經三次重大的危機，最後都能幸運化險為夷，在業界的地位仍舊屹立不搖，好奇的記者採訪集團老闆時問道：「這幾次公司面臨倒閉危機時，為什麼你總是有辦法讓公司轉危為安？」

老闆想了幾秒才回答記者：「其實是因為所有的員工都很努力，才能讓公司渡過難關。但如果要說有什麼特別之處，我想就是那段時間裡，我很喜歡在夜晚的街道上獨自漫步。」

老闆回想過去那段艱困的時光，繼續述說：「當時覺得公司倒閉在即，心中非常難受，一直在想有什麼方法可以解決。思來想去都無法處理，但又不能眼見自己的事業毀於一旦，所以連晚上都輾轉反側無法入眠，待在家裡又怕吵到家人，只能到外面去散步透氣。」

貌似鬆了一口氣之後，他接著談到：「夜晚的街道寂靜無人，突然間我覺得自己很孤單，然而人生不就是如此嗎？一旦面臨問題只能自己想辦法，身體再難受也只有自己知道有多痛。心漸漸靜下來的時候，連自己的呼吸都能聽得見。去除混雜的思慮後，想起過去公司草創時克難的日子，現在公司的規模變大了，我卻理所當然覺得自己頗有成就，對於事情總是患得患失。」

「後來我決定把自己當成一個一無所有的人，於是才能重新開始。」他帶著一股堅定的自信，望向記者。

身處在極其喧鬧的城市中，但是心卻沒有可以安頓的地方，有時候我們找不到解決問題的方法，就是因為焦急的情緒和浮躁的心情掩蓋了事物的本質，也遺忘自己的本心，讓我們在問題的表面著力，但卻無法看見事態的根本。所以要試著坦然地面對孤獨，只有當一個人孤獨地面對自己時，才能去除心緒的渣滓，保持思維的活力，這時候才能看見事情轉圜的可能性。

作家三毛曾在〈孤獨的長跑者〉這篇文章中寫道：「其實每一個人，自從強迫出生開始都是孤獨的長跑者，無論身邊有沒有人扶持，這條『活下去』的長路仍得依靠自己的耐力在進行。有時我們感到辛酸、遭受挫折，眼看人生艱難，實在苦撐著在繼續，可是即使如此，難道能夠就此放棄嗎？有許多人，雖然一生成不了名副其實的運動員，可是那份對於生活的堅持，就是一種勇者的行為。」

我們在人生的長跑之中，無時無刻都要赤裸地面對自己，對於外在的成就、與他人的互動，內心所感受到的每一分艱辛、困惑、無助，甚至是絕望，都只能透過自己正面的意念來消化心中難以承受的情緒重量。

尤其是在孤獨的時刻，自己更容易沉浸在過去的回憶之中，找回很多暌違以久的感受，那些深刻的、揮之不去的記憶，每一分滋味，何嘗不讓自己的內心五味雜陳。但是，也只有在孤獨中，人才可以尋找到自己最初的本質；更可以感受到人生的悲喜與無奈，這些再一次回憶的過程，會讓你明白應該如何轉換生活的心境，重新找到心靈的出發點，更找回生命中最想要的東西。

或許這就是馬拉松和許多運動的可貴之處，因為一旦起跑後，幾乎就只有自己孤

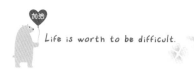

身一人面對前途，即使與朋友一同練跑，在不同的軌道上，也只有自己聽得到自己的呼吸聲從緩和變急促、心跳越來越大聲。此時的空間中，萬籟俱寂，只剩下你與自己的搏鬥，為何而生、為何而戰的聲浪，也會從心湖傳到腦海，格外擲地有聲。

孤獨，就如同一杯水，要經過長時間的沉澱和萃取的過程，才能夠成為沒有雜質、沒有污染的純水；人也需要一種特別的情境來協助自己屏除雜念，才能聽見自己內心真實的聲音。

一無所有，才發現最好的就在身邊

古希臘最著名的哲學家之一蘇格拉底，曾經帶著他的學生到一片成熟的麥田邊，要求他們每個人去麥田裡摘一個麥穗，看最後誰摘的麥穗最大。

可是田裡的麥穗看起來都很飽滿，到底哪一個才是最大的呢？學生們埋頭向田間走去，總是覺眼前的麥穗不夠大。雖然他們也試著摘了幾株，但總覺得應該還有更大的，所以就隨手扔掉了。

學生們就這樣低著頭邊走邊挑，一路中都沒有挑到最滿意的，突然聽到蘇格拉底喊道：「你們已經走到盡頭了！」這時每個人手中都沒有東西，所有人面面相覷，心中暗自懊悔剛剛手中扔下的那株麥穗。

後來蘇格拉底對學生們說：「其實從現在來看，最大的麥穗就是你們一開始摘下來的那株。」

許多人常以為美好的風景在別處才會有，然而如果因此忽略原有生活的品質，豈不是得不償失？

我有一個親戚，他罹患胃癌後，就接受醫生的建議，開刀把整個胃部切除。後續的化療讓他消耗過多的體力，卻因缺乏胃部的消化功能來替他吸收養分，內外交迫之下，身形愈來愈瘦弱，最後因為無法承受治療的折磨而去世。

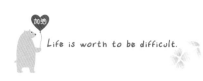

在他奮力與病魔對抗的時候，我曾經數次到醫院去探望他，有一次，他躺在病床上，滿臉笑容，用瘦骨如柴的手，指著電視中的速食廣告，說他出院以後要去吃那個漢堡。那時我就在想，如果自己也躺在病床上，什麼東西都不能吃，只能依靠流質食

物生存，是不是也會像他一樣，對自己平常覺得不夠好吃，或是稀鬆平常的食物垂涎三尺，也許真的只有當我們一無所有的時候，才會想到那些看似平凡無奇卻一直靜靜守候著自己的幸福。

人生馬拉松

Keep running！

在人生的進程中，該如何面對孤寂的課題？

1. 學會享受一段專屬於自己的時間，你可以在獨處的時候選一本書來讀，每看完一個段落，針對自己有感的部分，提筆寫下心得，反覆咀嚼其中的含意，讓孤獨與沉思連結，進而自在地面對獨處。
2. 你可以試著在孤寂之中尋找生活的感動，回想過去記憶的片段，讓一個人淘洗出生命中最美好的時光。

加油！

享受生命的起伏，在哪奔跑都能身心大豐收

如果回憶之中除了成績之外，什麼都沒有，
那麼比賽就只剩下一塊冷冰冰的獎牌，
其實生命就是在一呼一吸之間，
體驗自己真實的存在感。

在運動筆記中，曾有一位跑者分享他跑完渣打馬拉松後的心得，他說：「記得有一次跑完台北渣打馬拉松之後，我因為完賽成績比之前慢了四分鐘，在心中糾結了好幾日，除了記得在三十公里處被前面的跑者絆倒之外，其他的細節我完全想不起來。」如果比賽結束後，你對於完賽成績念念不忘，那麼就難以享受過程中值得回味的心得；相反地，如果跑完一場馬拉松之後，想起其中的片段都能為之感動，那麼這個過程就更值得我們花費周折。

倘若我們人生的終點都是一樣的話，何不放慢腳步好好享受過程？一旦回憶之中除了成績之外，什麼都沒有，那麼比賽就只剩下一塊冷冰冰

的獎牌，缺乏生命的溫度。因為生命就是在一呼一吸之間，體驗自己真實的存在感。

用體驗把人生的空白盡情填滿

曾聽人說：「生命是一個括號，括號左邊是出生，右邊是死亡，我們所要做的事就是填滿括號內的空白，用精彩的生活和豐富的人生把括號填滿。」因此習慣孤獨並不代表終生都要寂寞度日，而是透過享受人生的每一刻，活出自己的原貌。

有一個年輕人自覺已經看破紅塵，每天無所事事，只是坐在樹下發呆。有一個老人經過看到他，便問他：「小伙子，這麼好的天氣，你怎麼不去工作？」

年輕人皺著眉頭回答說：「那有什麼意思，工作不就是要賺錢，我又沒什麼需求，存起來給誰用？」

老人又問他：「那你怎麼不找個女孩子和你共度一生啊？」

年輕人想都不想就回答：「我自己一個人就可以過得很好，為什麼要找人作伴？說不定彼此個性、生活習慣不合，最後還會離婚。」

接下來，老人還是不放棄地問他：「那怎麼不去做自己喜歡做的事呢？」

年輕人不耐煩地說：「做什麼事最後還不都是有結束的時候，說不定失敗了還落得悲慘的下場，我才沒那麼笨！」

最後老人無可奈何地把繫在腰上的繩子解下來，遞給他說：「反正你最後都會死，不如現在就上吊，如何？」

年輕人看著老人，他開始有點緊張，從地上爬了起來：「我才不想死。」

老人嘆了口氣說：「生命是一個過程，不是只有結果。」

你是否曾經想過人活著到底是為了什麼，為了體驗過程，還是為了求得結果？其實無論每個人的人生結局如何，最後都會走向生命的終結。想要在有限的生命之中有所收穫，你可以試著體會命運所給予的特殊課題，那才是人生最重要的事。

學習品味自己對生活的感觸

村上春樹熱愛跑步，但如果說他熱愛，或許他並不會認同這個說法，他會說：

「我能這樣持續跑步二十多年，畢竟是因為個性適合跑步。至少因為不太痛苦。人這種東西，生來似乎就是喜歡的事情自然可以持續下去，不喜歡的事情就無法持續。其中可能和意志之類的，稍微有一點關係。不過不管意志多堅強的人、多好勝的人，不喜歡的事情終究沒辦法長久持續。還有就算做到了，對身體應該反而有害。」

對於比賽這件事，他曾說：「不是我自誇，不過對於輸這件事倒相當習慣了。世間超出我能力範圍的事情太多了，怎麼都贏不了的對象太多了。」為了能夠鍛練寫小說的專注力、持續力也好，或只是單純沒什麼理由地成為跑者，不可否認的是，他只是喜歡去「做這件事」，不求得到實質的獎賞或是執著於成績。甚至他還覺得自己跑了那麼多年，對於跑步過程中會感受到的痛苦，從來沒有減輕過。

對自己的生活有一定程度的細心觀照，才能對於每一個事情的環節都有屬於自己的想法，就像已經連續跑了三十二年的村上春樹一樣，無論是馬拉松之於自我的意義，或是跑步對於寫作的幫助，甚至是對於輸贏的心得，他都有自己明確而獨到的思考。其實你也可以試著從感受生活中的細節，來瞭解自己的想法。只要能夠和內心真實的自我面對面，問自己：「為什麼喜歡做這件事？」或是「為什麼選擇這樣做，而不是選擇另一條路？」

當你深刻明白自己對於生活與人生的感想以後，你也可以活出專屬於自己的生活風格。而在哪裡都能品味生活的人，跑到人生的哪個路段都能讓身心大豐收。

人生馬拉松

Keep running！

在人生的競賽中，怎麼找到最適合自己的目標？

1. 想要找到最適合自己的目標，首先要問自己：「你想要什麼？」瞭解自己的想法以後，才能爲人生規劃出踏實的道路。
2. 有時候我們會因爲不知道想要什麼，而一直覺得「這裡並不適合我」，等到轉換方向以後，才發覺原來的還是比較好。如果你想要轉換跑道，就必須先問自己：「爲什麼想要離開？」知道自己的想法，才能做出眞正對自己受用的決定。

鬆開糾結的內心，大聲說出自己的想法

在跑的過程中純粹地感受做自己的快樂，
才發現原來一直以來束縛著你的人，
就是自己。

某次，J. K. 羅琳在哈佛的畢業典禮中受邀致詞，對於自己的人生，她有感而發：「過去的失敗意味著剝離掉一些不必要的東西。我因此不需要再偽裝自己，重新開始把所有精力放在對我最重要的事情上。」

透過跑步，你也可以脫下自己身上偽裝的外衣，讓心靈釋放壓力。因為只有在面對痛苦的時候，我們才會放下一切外在的需求和想法，專心面對自己真正的感受。

因此很多人在跑過馬拉松以後，反而可以用更真誠的心態來面對自己和人生。在奔跑的過程中純粹地感受到做真實自己的快樂，才發現原來一直以來束縛著自己的人就是你。

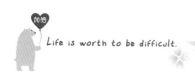

脫掉偽裝的外衣

在這個人與人之間的關係變得日益複雜的世界，我們在別人面前，幾乎都無法表現真實的自己。然而長時間的偽裝只是讓自己更身心俱疲，其實能夠追求真實自我的人，往往生活、工作都能更有效率，也過得很自在愜意。

當然在現實生活中，如果別人帶著面具和你來往，有時候不一定是心存惡意，或許是怕太過單純被人騙，或是單單為了得到別人的認同。但是無論為何，偽裝自己，都是對自我的一種掩飾，也都是一種身心的折磨。在生活中，許多人感嘆做人太難，大概就是這個原因。學會把自己包裝起來，可以保護自己不受傷害，但是這樣做真的會有好處嗎？

我們來看一個好學生的日記：

「我聰明、聽話、成績超棒、老師們都喜歡我！

從小，我就是聽著這樣的稱讚聲長大的。同學都很羨慕我，可是沒有人知道，我更羨慕他們。我知道自己並沒有他們說的那麼好，只是不得不表現自己最好的一面。

有時候，我好想做個無憂無慮的孩子，和其他同學一樣快樂地玩鬧。在學校裡，中餐過後有半小時的時間休息，老師不允許我們激烈地追跑，儘管如此，同學們依舊會先玩耍二十分鐘，等到午休鐘響再好好睡覺，而我每次都乖乖地坐在一旁，其實我也想和他們一起玩。但是我害怕同學們說：『好學生也不過如此，只會在老師面前裝乖！』更害怕老師說：『一點好學生的樣子也沒有！』

我也想放下那些做不完的作業，週末好好在家休息，不必往返於補習班之間。從小學三年級開始，媽媽就問我要不要上英語補習班。其實我不想去，不想要基礎還沒打穩就開始拼命往前跑。但是我『很高興』地答應了，媽媽也很高興地幫我報名。

於是我的時間都花在上課和寫作業之間。雖然心中無奈，但是我沒有拒絕的權利。我也想輕鬆學習。每次考試，我的成績與名次都會受到許多人的關注，我根本就不敢懈怠，不敢讓自己的名次下滑。還好我的成績一直很好，不僅父母高興，我看起來也很高興，可是只有我自己知道其實我過得並不開心。」

以上這個孩子的日記，也許很多人都能感同身受，在榮譽的光環下，他們不得不變成父母、老師眼中的乖孩子，但內心的難受，只有自己知道，而父母親在向別人稱讚自己孩子的時候，殊不知他們犧牲的其實是孩子的快樂。

也有許多孩子，長大後會因為從「乖孩子」的形象之中受益良多，而走不出「一直要表現懂事」的框架，即使成為大人也無法做回真實的自己。或許他們根本無法確定自己內心想要的是什麼，更無法坦承自己的需求。

這時，不如試著跳脫自己過往的形象，和自己最親近的人好好聊聊，從自己對生活的看法，和對未來的想像談起，讓別人慢慢瞭解你，那麼你就可以把「乖孩子」的包袱就此拋棄。

除了工作，還有其他層面的人生

小均在三十出頭就一手開創了自己的公司，雖然公司已經有一定的規模，但許多相關業務她還是責無旁貸。

為此，她每天都必須不停地出差，不停的應酬，看見日益增長的業績，她卻感受不到喜悅，心生厭煩，甚至恐懼看到每天漸漸昇起的太陽。伴隨低落情緒而來的失眠、厭食，讓她的身體健康每況愈下，脾氣也變得很暴躁。

有一天晚上，她好不容易入睡後，老公居然聽到她在睡夢中說：「我真的好累，不要再催我了！」另一半因此感到心疼不已。

隔天一早小均醒來後，老公就問她：「你已經太累了，放下手邊的工作，我們去旅遊，好不好？」

小均沒好氣地回答：「不行！還有很多事情等著我處理。」

老公溫柔地規勸：「聽我的，你才三十幾歲，頭上卻多了許多白髮。」

小均感受到丈夫的關懷，最後還是屈服地回答：「那好吧，但是不能太久。」

經過一段時間的充分休息後，小均又打起了精神，面對複雜的工作更加得心應手了。在生活中，可能很多人都有小均的煩惱，因為工作、因為生活，不得不四處奔波，我們時常要在不同的角色之間轉換，以至於往往忙得焦頭爛額，面對突如其來的意外才會手足無措。不過，有時候操之過急反而會錯失了想要達成的初衷，不如偶爾讓自己放慢腳步，旁觀那個因努力投入而逐步成長的自我，適時給自己一點掌聲，因為你之所以想要去做這件事，是為了自己的人生，而不是為了符合任何人的期望，如此，才能一直走在自己想要的道路上，不輕易偏離心的軌道。

人生馬拉松

Keep running！

如何卸下心靈的面具，表現出自己最自在的模樣？

1 試著告訴自己：「每個人都會有喜怒哀樂，何不向別人表達自己的想法？」如果總是以「好人」的面具示人，希望讓別人喜歡你，不如用眞實的自我待人，讓眞正喜歡你的人自然貼近。

2 我們時常聽到別人說：「你根本不瞭解我！」其實有時候是自己從來沒有告訴過別人自己的想法。試著讓別人瞭解你，才不會把情緒累積在心中，直到引爆後破壞彼此之間的和諧。

加油！

永遠別忘記，自己在這裡奔跑的原因

我當初為什麼選擇做這個工作？
即使疲憊，其實代表自己正有所成長。
回到最原始的起點，
往往可以給自己再堅持下去的勇氣。

即使心中擁有夢想，為了讓生活繼續維持正常的運轉，我們不免要學著與現實妥協，在理想與現實的拉扯中，難免會產生沮喪的念頭，這時候，你可以問問自己：「我當初為什麼選擇了做這個工作？」、「即使疲憊，是否也代表自己因付出而有所成長？」回到心中最原始的起點，往往可以給自己再堅持下去的勇氣。

如果你對現階段的人生，感到無比煎熬，甚至看不見任何可能轉變的契機，那麼你可以試著去做一件從前沒有做過的挑戰，找回對人生的主控權。

日本馬拉松跑者小島晴喜在《我五十五歲，決定開始跑馬拉松》書中曾談到：「世上有什麼事能讓你按照自己的步調前進？工作不行，家庭更不可能，只有馬拉松可以。不過，我跑出來的是，人生的舒服步調。」

小畠晴喜筆名江上剛，原來在銀行業先後擔任過總行主管、非常務董事，看似前途一片大好，卻因銀行債權讓渡問題而遭遇經營困境。當時小畠目睹身邊最要好的同事一一選擇自殺，差一點也了結自己。所幸在鄰居的邀約下，他加入「ＩＪＣ慢跑社」，利用幾年時間參加過日本各大馬拉松賽事，不但成功減重十五公斤，所有情緒的病變——失眠、憂鬱症、代謝症候群，通通都消失了！不知不覺間度過了人生最低潮，自此之後他再也沒有自暴自棄的念頭，找回那個健康又快樂的自己。

對你而言，最重要的是什麼？

二〇〇六年六月，股神巴菲特承諾捐出三百七十億美元給微軟董事長比爾．蓋茨創立的慈善基金會，以及巴菲特家族的基金會。據估計，當時巴菲特的總資產為四百四十億美元，因此他幾乎是捐出個人資產的百分之八十五作為慈善之用，這也創下了美國有史以來的慈善捐贈紀錄。

對此，《紐約時報》的一位記者訪問巴菲特：「你把大部份的財富都捐出去，那麼你留下什麼給你的孩子呢？」

巴菲特回答說：「我已經把最珍貴的東西留給了我的子女。」

看見記者露出疑惑的表情，巴菲特繼續解釋說：「孩子還小的時候，我沒有要求他們什麼，而是讓他們做自己喜歡做的事情，玩泥巴也好，種花蒔草也好，聽音樂、唱歌，或是看攝影作品，甚至在田野裡盡情翻滾，玩得滿身是汗也沒關係，這些都是孩子們喜愛的生活。我所做的就是盡量讓他們感到快樂，並盡可能保留不同的選項，讓他們有選擇的自由。我也從來沒有要求他們必須成為企業家，而是讓他們去從事自己喜歡的行業。」

巴菲特補述道：「後來，大兒子霍華成為攝影師，小兒子彼得是音樂家，女兒蘇西是家庭主婦，他們都過著自己想要的生活。」

其實巴菲特的大兒子霍華本來想要從商，後來生意失敗，一開始巴菲特並不想從旁協助，因為他想讓跌倒的孩子自己站起來。但是後來巴菲特還是和妻子達成共識，為霍華買了一處農場，但他必須定期繳納租金，否則就立刻收回農場的使用權，霍華也欣然接受了。幾年之後，農場的生意蒸蒸日上，但是霍華卻發現經商無法讓自己快樂，所以在生意漸漸上軌道時，就把經營權交給別人，自己則專心投入攝影。

對於現有的成就，巴菲特說：「我有今天的成績，是因為我勤於思考，發現了一些規律，所以我經常告訴孩子要有思考的習慣。幾年前，霍華在農場站穩腳跟後，就開始深入瞭解市場走向，生意果然做得愈來愈好。」

巴菲特繼續說：「然而活著，快樂最重要，億萬之財不會讓人成長，反而會消磨你的激情。從某種程度上來說，金錢只是一串沒有意義的數字，唯有樂觀、自信，和習慣不斷思考的性格才能收獲豐富的人生。因此，我已經把我最珍貴的財富都贈送給我的孩子們了。」

也許你會覺得金錢在這個社會上占有很重要的位置，不過實際上金錢並不是萬能的，他買不到健康的身體，更買不到和樂的家庭。也許你會說沒有錢，什麼事都不能做，但其實人生很短暫，即使物質缺乏，如果能夠做自己喜歡的事情，你就能達到自己圓夢的小確幸。

你可以在忙碌的工作中，找一個空檔，喝一杯咖啡，讓自己享受工作中的韻致。或是在家庭生活中，找一個時間，讓自己和另一半回到戀愛中的情侶生活。在過去追求名利的過程中，我們總以為得到才是快樂，猛然回首，才發現真正的快樂其實在生活中俯拾即得。

找回你人生的步調

二〇一三年七月上映的《九頂假髮的女孩》，是一部改編自真人真事的電影。

二〇〇五年，二十一歲的蘇菲．史戴普（Sophie van der Stap）罹患罕見疾病「橫紋肌肉瘤」。後來因為化療而掉光頭髮，但她卻不怨天尤人，還陸續買了九頂不同的假髮，為自己的不同造型取了「黛西」、「普拉提娜」等名字，當她的抗癌過程改編成電影後，她也隨之聲名大噪。受記者專題訪問時，她說：「我只想要活著，漂

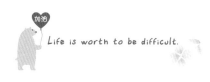

漂亮亮的活著，跟所有女孩一樣。」

也許我們都以為抗癌故事中的女主角蘇菲一定是個堅強的女孩，擁有打不倒的意志。事實上並不是如此，對於自己罹癌時的心情，她說：「我很脆弱、怕死、怕寂寞。」但是她之所以能夠抗癌成功，就在於能夠正視自己罹癌這件事。

一開始蘇菲也因為化療而掉髮，看著日益稀疏的髮量，和眼淚流乾也換不回健康的身體，感到十分痛苦。直到後來，她的想法有所轉變，她決定要用自己的方式來面對癌症，蘇菲堅定地說：「假髮讓我再度成為女人，給我勇氣拿回人生的發球權。」

蘇菲一共訂製了九頂不同款式的假髮，試圖用不同髮型扮演不同身分，活出自己精心訂製的精彩人生。抗癌成功後，她在巴黎定居，並擔任公益大使，向更多需要協助的人分享重生的歷程。

其實，面對生活的壓力，每個人都擁有自癒的能力。當心情很糟，對許多事情都失去興趣時，我們原本的工作動機與信心會慢慢消失，因而對其他生活層面也提不起勁。當一個人失去了原本的生活步調時，那種無法掌控人生的感覺，會讓人更沮喪、更灰心——身心的骨牌效應於是慢慢成形。

如何激發一個人的『自癒』能力？「維持原本的生活步調」是最有效的答案，同樣在應該工作的時間工作，休閒的時間好好休息，該吃飯時坐下來好好吃飯，到了睡覺時間乖乖進房睡覺。就像黑夜過後的黎明一般，生理的規律會幫助你更容易平復心理的焦慮，過了自己那一關，找回了人生的平衡點，對於生命的希望與熱情又會重新升起。

人生馬拉松

Keep running！

當你跑到人生的上坡路段，怎麼找回原有的步調？

1. 如果跑在上坡路段，你可以問自己：「對我而言，什麼事情最重要？」無論答案是工作、家人，還是自己想要的生活，知道最重要的是什麼，生活就不會偏離人生的軌道。

2. 人生時而上坡，時而下坡。上坡時有點累人，卻有攻頂的喜悅；下坡時雖然省力，但視野卻越來越小。只要用愉悅的心來面對人生起伏，就會發現上坡有上坡的風景；下坡也有下坡的清幽。

加油！

Chapter 6

沒有人為你喝采，就做自己的啦啦隊

★ 沒有人比你更應該重視自己 ★

★ 讓殘念的回收車變成你前進的動力 ★

★ 感覺累的時候，別忘記為自己加油打氣 ★

★ 想要有人救你，自己也得先抓根浮木 ★

★ 學會感恩，激發潛藏心中的單純善良 ★

★ 生命的意義只能靠自己去追尋 ★

沒有人比你更應該重視自己

就算旁人真心想要幫助你，
然而他們在你的人生中
也只是局外人而已，
並不能一路陪你到最後。

參加大型的馬拉松賽事，通常主辦單位會在沿途設立加油團，為選手們加油打氣，所以許多參賽者在經過加油團的時候都會跑得特別賣力，想要回應他們的熱情，即使原本已經累到氣喘吁吁，幾乎就要放棄，但經過加油團的時候，也會努力表現出不斷向前邁進的模樣。

其實諸如此類的反應，也常常出現在生活的其他層面中。因為我們總是希望可以在別人面前表現得好一點，藉此尋求群眾的認同感。然而我們從來沒有想過：自己在別人的心中是否真的有那麼重要？也從未仔細想過：我們是否也同樣看重自己的想法？

每個人都擁有截然不同的人生，別人無法代

替你，為你實現夢想，既然如此，當你下定決心要去做一件事之時，何必在乎身邊有沒有啦啦隊，因為真正能夠完成這場比賽、取得勝利的人，其實只有你自己。

重視自己，更要以自我為鏡

面對從未做過的事，我們通常會先請教有相關經驗的人，或是觀察看看別人怎麼做。透過模仿來學習新事物未嘗不是一件好事，然而面對不熟悉的事物，我們難免會犯錯、出糗，當你戒慎恐懼地擔心自己是否會讓別人留下不好的印象時，其實大家早已把這件事遠遠拋到腦後了，只有你自己還在意。

更常見的情況是，當你做了一個決定後，還是會四處徵求別人的意見，希望別人也能認同你的想法。其實你自己決定的事，並不一定需要得到他人的認同，因為每個人都只會專注在自己的生命中，無法為你的人生負責。例如：在娛樂新聞裡，每天報導藝人的八卦，對大眾而言也不過是一種「娛樂」效果。因此，如果你總要尋求別人的支持，就容易過得偏離己衷，即使有一天你因此有所成就，不過是成為了別人眼中理想的自己，既然如此，何不做自己人生劇本的主角呢？

二十世紀的天才物理學家愛因斯坦（Albert Einstein）在科學界提出許多劃時代的重要理論，為人類帶來重大的貢獻。據說他小的時候非常不受教，他的母親無論怎麼督促他，都無法改變他的心性。直到愛因斯坦十六歲時，申請瑞士蘇黎世聯邦理工學院落榜那天，他的父親為了鼓勵失意的愛因斯坦，和他分享了一個生活經驗：

「昨天傑克叔叔帶我到附近的工廠清掃煙囪，那個煙囪很大，我們必須要踩著裡面的梯子才能爬上去。傑克叔叔先上去，我就跟在他後面，慢慢地爬上煙囪頂。清掃完後，傑克叔叔仍舊先爬下去，我還是跟在他後面。好不容易鑽出煙囪後，我看見傑克叔叔的臉上沾滿煙灰，整個臉都變成黑灰色。」

父親微笑著繼續說：「看見傑克叔叔後，我心想自己一定也和他一樣，於是我就跑到附近的河邊，想要好好清洗一番，但是我的臉其實一點煙灰都沒沾到，所以洗完手後便離開了。而傑克叔叔看見我從煙囪出來後，臉上很乾淨，他就以為自己的臉也和我一樣，所以沒有洗臉就回家去了。結果在回家的途中，街上的人看到他都不禁莞爾，傑克叔叔還覺得很奇怪。」

愛因斯坦聽完，忍不住捧腹大笑。接著，父親正色地說：「其實，沒有人可以做你的鏡子，只有自己才能做自己的鏡子。」愛因斯坦頓時聽懂父親的用心良苦，後來的他收起不羈的心性，時時以自己為鏡，嚴格地審視自己。隔年，他順利進入瑞士蘇黎世聯邦理工學院，往後對世界的貢獻更是不在話下。

重視自己，更要以自己為鏡，而不是以他人為鏡。如果你專注在自己的步伐之上，馬拉松加油團的聲音就只是一種幫襯，因為他們在你的人生中也只是局外人而已，並不能一路陪你到最後。不如把望向他人（或他人目標）的目光，轉向自己。

因此不必問別人：「你希望我成為什麼樣的人？」

只要問自己：「我希望自己成為一個什麼樣的人？」

在聚焦自我的同時，也必須時時反省，才可避開因自卑或自大而生的弊病，讓人生向著陽光處發芽、成長。

依靠他人，無法成就自己

生活在這個分工細緻的現代社會裡，許多事情我們都可以不必親自動手去做，這種便利性運用得好可以讓自己有更多的空檔去做更重要的事，但是如果任意使用就容易導致自己存有依賴的心理，例如：很多碩、博士生寫不出論文，最後只好花錢請別人代寫，甚至也有學生請人在課堂上為他點名、簽到。雖然工作可以拜託別人幫助你，但是別人不能代替你吸取知識的養分；很多事都可以花錢請人代勞，但你卻因此失去增長能力的機會。

如果你想要擁有獨立思考、解決問題的能力，唯有自己從學習與實踐的過程中，慢慢吸取經驗，才能形成自己的一套思維模式。如果你選擇把一切都交由別人決定，選擇任人擺佈，不願意用心思考的結果，也意味著你的人生將隨波逐流。因此，你若想活出屬於自己的人生，就必須要有獨行的心理準備。

日本的經營之神——松下電器的創始者松下幸之助剛出生沒多久，家庭便陷入經濟困境。從小學四年級以後，松下幸之助就四處打工賺錢，還曾到火盆店和腳踏車店當學徒，後來在大阪電燈從安裝電線的工人做起，沒多久就因為他認真負責的表現，被升為內部員工都夢寐以求的檢查員。

其實松下幸之助的父親一直希望他能成為一位傑出的商人，當他還在做學徒的時候，父親就反對他到大阪電燈當工人，父親對他說：「如果經商成功，你可以雇用有學問的人來當你的員工，這樣就能彌補你的學識不足之處，一旦成為工人，就會終生受雇於人。」

後來，松下幸之助發明出新改良的電燈插頭，可是公司的人都認為那根本「賣不出去」，但松下幸之助則深信此項產品具有銷售潛力，所以最後決定辭職創業。他拿出自己所有家當，把自己住的房子變成辦公場所，在兩間小屋中間的空地上搭建出「廠房」。

剛開業沒多久，松下就嘗到第一次失敗的滋味，因為製作出來的新品十天內只賣出一百多個，賺不到十塊日元。於是他第一個月就發不出工資，自己的生活也無以維持，讓他急得走投無路，只好把家裡值錢的東西陸續典當，才換得一點錢買食物。

後來，松下幸之助又研製出一種新的絕緣材料，而當時生產電風扇的川北電器製造廠，對他研發的新材料很感興趣，最後對松下訂購數量一千個的訂單。這份訂單，對松下幸之助來說，有如天降甘霖。後來和川北電器的合作，為松下帶來充足的營運利潤。

雖然之後又經歷不少起伏，但是松下幸之助憑藉著獨立研發的精神，松下電器才能在短短十年內成為日本電器業的領導者。如果松下一開始就有家業可仰賴，或許他會變成一個未經世事的大少爺；但他卻在日本經濟最凋零的年代，自己胼手胝足地研發與創業，才能扭轉自己的一生。

其實尋求支柱才是這個世界上最具風險的事。但在現實生活中，我們往往習慣依附他人。比如：有些女孩子希望能嫁給較有能力的丈夫，可以少吃一些苦；想要創業的人希望有貴人相助；剛入社會的年輕人期望遇到一個很好的工作機會。這些都是人之常情，但是心存僥倖並不能讓自己成長，一旦失去依靠，就會發現自己寸步難行。

如果我們習慣把生命的價值交給別人來決定，就好像我們不自覺將期望放在孩子身上，或是把未來託付在丈夫身上一樣，隨時都有失去自我的可能。與其最後陷入這樣尷尬的境地，何不讓自己發憤獨立？證明你即使沒有任何人的援助，也可以自己摸索出一條生路，當你展現出對人生的主控權，才能專注發展自己真正重視的一切。

人生馬拉松

Keep running!

1 當別人無法認同自己的目標時，該怎麼辦？

用自己的行動和成果來證明自己的想法，無論最後的結果是可行或是不可行。即使別人對你說：「你看吧，我就跟你說過不行！」但是過程中你會得到許多「能做」或是「不能做」的經驗，這些都能成為下一次行動的珍貴資料庫。

2

每個人都有自己的人生，一直在意別人的看法，也不能讓自己更加進步，不如按著自己的想法摸索出未來確切的方向。

讓殘念的回收車 變成你前進的動力

如果你可以把看似阻力的困難，
轉變為幫助自己修練的力量，
那麼人生就沒有惡緣的存在了。

日本超馬名將工藤真實，曾在《真實》一書中和讀者分享她之所以如此熱愛跑步的原因，她說：「世界上付出努力的不是只有我一個人，很多時候也不一定能得償所願。但就是因為我們會有不甘心的心情，所以當有一天我們的努力得到回報時，得到勝利的瞬間，那種喜悅與興奮的感受，會全然灌注在我們身上的每一個細胞裡，久久不散。」的確很多時候，不甘心，是我們堅持下去的動力之一。

我曾經在運動筆記中看到一個跑者分享跑步的心得。身為馬拉松新手的他，即使賽前也做了充分準備，但終究因經驗不足而差點放棄人生中的第一次全馬，最後他還是在比賽宣告結束前跑回終點，激勵他的來源就是身後追逐著他的那台回收車（編按：馬拉松比賽結束時，「回收」無法順利完賽的參賽者之車輛，又稱作「殿後車」。）因為不輕言放棄的心理使然，他用盡全身力氣做最後的努力衝刺，終於跑完人生中的第一次全馬。

不甘心也可以成為你的力量

以自畫像著名的墨西哥女畫家芙烈達・卡蘿（Frida Kahlo），她的畫作是世界三大博物館之一的法國羅浮宮博物館所收藏的第一幅墨西哥畫家的作品。如此至高無上的舉世榮譽，卻是芙烈達用人生的苦痛換取的。

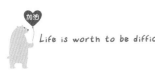

在芙烈達十八歲那年的秋天，她出了一場嚴重的車禍，使她的脊柱、鎖骨和肋骨斷裂，連骨盆也嚴重破碎，右腿更有十多處骨折，造成下半身行動不便。一年後，即使她恢復了行走的能力，從此病痛就如影隨形。芙烈達一生中經歷多達三十五次的手術，即使如此，後來右邊膝蓋以下的小腿還是難逃截肢的命運。直到她一九五四年去世為止，始終為身體的疼痛所苦，於是她只能帶著病痛作畫，無論是平躺著畫，還是趴著畫，她用盡各種能夠減輕疼痛的姿勢畫畫。因此，她的自畫像中充滿著關於傷痛的隱喻和象徵。

每個人的心中，其實都住著一個卡蘿，生命未必事事美好，但透過仔細描繪自己的容顏與生命歷程，將一切的苦痛交織進去，縫補那不完美的人生，卻也是一種存在的印證。當我們凝視著卡蘿的自畫像，彷彿在凝視著她最原始的生命力，向世人證明著：你不必抗拒宿命，卻能決定該如何面對命運，讓他對人生中產生毀滅或重生的影響力。

為了完成此生的使命，你是否也曾經寫下自己的代辦清單或夢想目標？

這樣的事我不僅曾經做過，最後還曾用紅筆在句末特別標示：「你甘心看著這些事情，隨著時間的流逝卻什麼也沒有實現嗎？」原本這只是當下情緒激動的話語，卻成為之後鼓勵我達成目標的力量來源。每當我感覺困頓不已的時候，翻開多年前寫下的那句話，我的內心就能夠拋下負面的情緒，並在心裡暗自決定：「我不甘心放棄，我要繼續做下去！」

適時替自己寫下一句人生座右銘或足以警醒自己的名人語錄，當你在追尋理想而動力不足的時候，或是感覺自己徬徨無助時，回頭看看可以幫助自己重新開機。找回過去那個滿懷熱情的你，讓你擁有繼續走下去的動力。

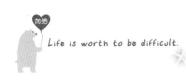

一時惡緣也可以變成逆增上緣

有個女孩常向她的父親抱怨生活中的諸多不順利。例如：和公婆相處時，因為她總是摸不清楚他們的喜好，所以處理事情時常弄得自己裡外不是人。她的父親只是默默地聽著，接著若有所思地帶著她走進廚房。父親拿了三個鍋子，各放進半鍋水後開大火煮滾，然後在左邊的鍋子裡放了南瓜，中間的鍋子放了一顆雞蛋，右邊的鍋子則加進一包咖啡粉。大約十分鐘過後，父親把火熄了，又依序把南瓜、雞蛋和咖啡盛在容器中。接著，父親轉身問她說：「女兒，你從中看見什麼了呢？」

「不就是南瓜、雞蛋還有咖啡嗎？」女兒有點疑惑地回答。

父親示意她把南瓜拿起來嚐了一口，軟綿綿的南瓜入口即化。父親又讓她將蛋殼剝掉後，咬了一口滑溜有彈性的雞蛋。最後，父親把咖啡端給女兒喝了一口。她不解地笑問：「爸，這是什麼意思啊？」

父親解釋說：「這三樣東西同樣被放進鍋子裡煮熟，但他們的轉變卻各不相同。南瓜原本很結實，煮熟以後卻變得很軟；雞蛋本來很容易碎，但是經過烹煮以後，他不再需要蛋殼的保護。而咖啡粉很特別，加進沸水裡，就改變了水的味道。」

「你是南瓜、雞蛋還是咖啡呢？」父親問她。

在我們生活中面臨的難題，也形同此理——遇到同樣艱困的處境，你會變成軟爛不堪一擊的南瓜、充滿彈性的雞蛋，還是借力使力反而轉化了環境的咖啡呢？

無論是朋友、同學，還是同事、上司，甚至是你的另一半和他的家庭，因為每個人都有各自的成長背景，所以總是會有需要相互磨合的時候，但只要敞開心房去深入了解，你會發現，衝突就和逆境一樣，並非你要消滅的目標，而是幫助你成長的朋友。因為那些經驗帶給你的是最可遇而不可求的領悟，如果你把這些帶來禮物的貴人當成敵人，那麼你就永遠無法開啟那份珍貴的禮物，也就永遠無法參透某些人、某些事之所以出現在你的生命中，必有他不可缺席的緣由。一旦你怨懟了、閃避了，就只好與未來人生之路上的驚喜擦身而過。有些人、有些事就如同馬拉松回收車一般，都是讓你人生奮進的刺點，當下或許無法釋懷，有天你必定會感念於心。

法國哲人羅曼．羅蘭曾經說過：「只有把抱怨別人和環境的心情，化為上進的力量才是成功的保證。」把困境化為人生的逆增上緣，如果你把看似阻力的困難，轉變為幫助自己修練的力量，那麼人生中的緣分都是助力！

人生馬拉松

Keep running！

當你感到很受傷時，該怎麼辦？

1. 試著告訴自己：「這一切都會過去。」爲值得的事物持續付出自己的心力，讓別人看見你的想法或是理念。即使人的一生很有限，你還是能留下自己的足跡。

2. 如果主管責罵你說：「交待你的事，你怎麼什麼都做不好？」也許心情會感到低落，何不把忿忿不平的心情，化爲把事情做得更加完善的動力，那麼就不會因爲他人的一句話而耿耿於懷了。

加油！

感覺累的時候，別忘記為自己加油打氣

如同植物自然會朝著亮光處生長的天性，
給自己激勵的養分，
才能給你堅持下去、
與困境做最後一搏的毅力。

在馬拉松的競賽中，各個定點的加油團都很盡心盡力地為跑者加油。然而在人生的長跑之中，大部份的時候都沒有加油團為自己高喊鼓勵的話語，那麼我們要如何在這樣長時間的耐力賽裡，一直不斷地跑下去呢？

日本超馬名將關家良一曾說：「我從來沒有參加過從頭到尾完全沒有突發狀況的超馬賽，經常需要一邊推進、一邊解決問題。」

跑步是一個人的運動，無論是賽前的練習，或是意志力的持續與否，完全看自己，不管是天氣還是路況，這些外在環境對於每個參賽者都是相同的，因此結果如何，能不能跑到最後，都要為自己負責。

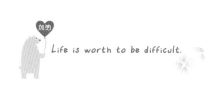

給自己一個繼續跑下去的理由

日本著名的平民超馬跑者關家良一，迄今六度蟬聯難度最高的超馬賽「東吳國際超馬」冠軍。從二〇〇二年以來他已經連續十年達成「二十四小時中超越二百六十公里」的驚人成就，每年可以達到這種水準的跑者不會超過十位，在二〇〇九、二〇一一年全球更只有他一人能在一天中突破兩百六十公里的賽程距離。

在關家良一開始跑馬拉松的第五年，他首次參加一百公里的萬里長城超馬賽，隔年他再度挑戰日本沖繩縣宮古島所舉辦的「宮古島一百公里試跑賽」，雖然不是正式的比賽，但是和普通的超馬賽一樣，必須要在十三小時內跑完。此外，由於地點是在日本的最南端舉行，所以參賽者是在炎熱的天氣裡奔跑，因此更增加了比賽的難度。

當關家良一跑到八十公里時，他發現時限只剩下二小時，也就是說，他必須在剩下的二小時內，跑完二十公里才能順利完賽。經過了下一個補給站時，原本已經不抱任何希望的關家良一，聽到了主辦人海寶道義的一句話，頓時驚醒：「你們可能會想用哪裡痛、哪裡癢當藉口放棄比賽，但你也沒試試看，怎麼知道跑不完？還剩下二個小時，就算邊跑邊走，說不定還有可能啊！」就像當頭棒喝一般，關家良一又重燃一線希望。

在接下來所剩的二十公里賽程中，關家良一邊跑一邊在心裡替自己打氣，例如：「過了下午四點，天氣涼快多了！」、「以我二十公里距離的最佳成績一小時二十分鐘來看，還容易得很呢！」、「在八十公里的補給站裡，我吃了三根香蕉，身體應該復活了吧！」這些轉念讓他的內心逐步燃起希望的火苗，他決定頭也不回地衝向終點。最後，他用十二小時四十八分四十三秒順利跑完全程，還一邊喊著：「我贏了！我贏了！」

在人生中，我們也常常處於類似的情境中，儘管眼前的情況看起來已經糟糕到了極點，明明知道負面的想法根本於事無補，還是自責不已，或是寧願說服自己放棄。例如：高中畢業之際想要考上心目中理想科系，但是模擬考的成績卻遠遠不及門檻；或是遇見自己心儀的對象，雖然義無反顧地為他付出，卻對這段感情中的自己沒有一絲自信……。各種絕望感時時籠罩著你，即使還未走到定局，似乎就先對自己判處了極刑。與其如此摧殘自己的心志，何不給自己一個堅持下去的理由，即使最後結局仍不如預期，至少你已全心全意地投入過，才能看破此次受挫的原因，假以時日待你提升自我之後，定能捲土重來。

如果你總是淺嚐即止，或是在事情發展只差臨門一腳之時，因為恐懼看到最終的結果而退卻，那麼這個人、這件事只會成為你心中難以釋懷的遺憾，與其徒留感慨，何不給自己一個突破的機會？

即使模擬考的成績遠遠不及門檻，你可以告訴自己：「還好這只是模擬考而已，我把不會的地方都讀通，指考就能有更好的表現！」對義無反顧付出感情的自己沒有自信，你可以跟自己說：「謝謝他送給我一個知道怎樣去愛的機會。」即使最後感情無疾而終，也不會心生：「我對你這麼好，你都不知道感謝」的想法。與其把焦點放在眼前的痛苦和生活的困難而舉步不前，不如試著和關家良一一樣，專注在正面思考之上，只要跨出第一步，就能擁有繼續走下去的信心。

適時給自己一點鼓舞的掌聲

我的朋友書綺在剛出社會的時候，到一家房屋仲介公司應徵不動產經紀人，面試開始時，主管希望應徵者可以向在場的所有人用五分鐘的時間簡單介紹一下自己。當場約有二十個人，大部分都是和她一樣才剛畢業的大學生。輪到書綺介紹自己的時候，她開始緊張起來，只是低著頭看自己的履歷，不斷尋找合適的開場白。當時眾人的目光與壓力讓現場的氣氛一度凝結。為了打破僵局，書綺只好硬著頭皮把自己的履歷從頭到尾唸了一遍。

就在轉念之間，書綺發覺開口似乎沒有原先想得那麼困難，此時四周的競爭者好像都已成為她的聽眾，唸完履歷之後，她在心中告訴自己：「你已經做得很好了，但是既然來了，就要做到了無遺憾！」

接下來，她似乎聯想到自己擁有的許多特點，因此妙語如珠地用實例介紹了自己的性格優勢與長才。而書綺發自真心的表達，反而融化了結冰的氣氛，從眾人的眼神中，看到了自己也有在眾人面前自然表達的自信。在這一刻，其實最後是否被錄取，對她而言已經變得不重要了。

有人說：「人生就像是一場現場直播的電影，沒有彩排的機會，而且願意收看的人很少。」既然如此，無論身旁有沒有人支持著你，都要學著為自己鼓掌，成為自己人生中的第一個忠實觀眾。

許多優秀的演員，也是透過不斷揣摩鏡中自己的神情，才知道該如何精準地掌握演技。如果你沒有望向自我的信心，那麼如何能期待他人眼神的駐留與肯定。就如同植物自然會朝著亮光處生長的天性，給自己激勵的養分，才能給你堅持下去、與困境做最後一搏的毅力。

如果你想要創業，卻一直不被人看好，更沒有人相信你可以為了理想奮不顧身。在不受支持的情況之下，又遭遇開創事業的困難，就好像在戰場之中，披甲上陣，卻腹背受敵一樣，前進也不是，更沒有退路。那麼何不試著給自己一句鼓勵的話語，或是至少為能夠跑到這裡的自己感到驕傲，告訴自己：「我都來到這裡了，怎麼可以輕易退怯？」或是跟自己說：「如果已經沒有退路了，何不勇往直前？」

其實每一條未經開墾的道路，都充滿坎坷的荊棘。儘管自己努力了許久，仍然沒有什麼進展，請不要心灰意冷，沒有人為你加油打氣，你可以給自己如雷的掌聲，重新揚起人生的風帆，抱著滿懷的信心，繼續跑下去，也許最後就在看似不可能的絕境之中，找到一絲突破困境的光明。

人生馬拉松

Keep running!

如何在看似崎嶇的人生路段中，讓自己仍有邁步的勇氣？

1. 人生中有許多事情就好像在跑馬拉松一樣，需要一段時間的努力才能看見自己的成果，也許當你跑到剩最後五公里的時候，路途彷彿永無止盡，記得給自己一個繼續跑下去的理由，即使是「不能讓家人看到我放棄的樣子」也好，只要可以幫助你，就是一個好理由。

2. 在心中想像自己最後達成目標的樣子，高舉著雙手大喊：「我做到了！」讓你的內心有繼續邁步的勇氣，不再感覺路途漫長。

想要有人救你，自己也得先抓根浮木

換個角度看人生，
眼前永遠都有路可以走；
換一個角度來看事情，
人生的選項會比你想的還要多更多。

也許你會覺得「只剩半杯水」和「還有半杯水」的說法不過是老生常談，但有時候愈是簡單的事情，我們就愈容易忽略，也愈容易做不到。如果當你在全程馬拉松競賽之中已經跑了三十公里，卻不幸遇到撞牆期，你會選擇告訴自己：「還有十二點一九五公里！」還是「我已經跑了三十公里了！」

當問題產生時，我們都習慣用自己的想法，或是用自己看事情的角度來解決問題，其實人生中有許多事情的解決方式都不只一種，換個角度看人生，眼前永遠都有路可以走；換一個角度來看事情，人生的選項會比你想的還要多更多。

換個角度，人生的風景就會不一樣

有一個老實的老太太，她有兩個女兒，大女兒的婆家是替人洗衣服的店家，小女兒則是嫁給賣傘的小販。每當下雨的時候，老太太就為大女兒擔憂，怕她衣服曬不乾，賺不到錢養家；而晴天的時候，老太太又為小女兒擔心，如果她的傘賣不出去，家裡就沒有辦法糊口。所以無論是晴天還是雨天，老太太天天都沉浸在憂心之中。

後來有一個和尚到老太太家化緣，他看見這位太太滿面愁容，就問她怎麼了。問清楚原由後，和尚開心地對老太太說：「老人家，恭喜你啊！晴天的時候你的大女兒家有錢賺，下雨天時你的小女兒就有進帳，你真的是有福氣啊！」老太太聽完後，轉念一想這個和尚說得很有道理，從此無論是晴天還是雨天，她都不再掛心。

在生活中，我們往往不自覺地成為那個憂心的老太太，無論是為了自己還是家人，總是有操不完的心。也許你的外貌和自己理想中的模樣差很多，正考慮要動刀整型，但是看看在整型業盛行的韓國，你是否會覺得他們的美女典型都長得差不多呢？

多數人都是完美的臉型加上高挺的鼻子，還有性感的豐唇，即使變得美若天仙，卻失去了獨一無二的五官。況且用虛榮的外表掩蓋了根深蒂固的自卑情結，反而更無法發自內心地感到自信，因此陷入想一整再整的病態情結中，最後無端的憂慮只會替原有的難題打上了重重死結。

如果把思考的角度轉向「即使外表不如人，我仍有那些擅長與優勢？」諸如此類的「解決問題導向」的思考模式，才能真正把自己拉出死胡同，把他人的目光與評價拋在後頭，最後反而能爬上屬於自己的山巔。

如果你覺得自己外貌不出眾，何不把自己打扮得整潔清爽，看上去落落大方，氣質是歷久不衰的妝容，只要掌握個人特質得當，年紀漸長以後，反而愈能突顯你的韻味，那是整型也無法換到的自然美。

無論命運把你拋向任何險惡的境地，你都可以重新選擇看待事情的角度，是要讓自己更加垂頭喪氣，或是讓自己重新燃起生機，與其沮喪，何不試著讓人生的弱點再也沒有威脅你的機會？

把心打開，希望就能照進來

二〇一一年，中國上海的熱門節目「舞林大會」中，有一位穿著短裙的女孩跳起森巴舞，精湛的舞藝讓在場所有人都看得目不轉睛，節目最後她也順利進入總決賽。當主持人向公眾宣布她是一位戴著義肢的舞者時，所有人都感到不可置信。

這個女孩就是廖智，她從小就把舞蹈視為生命中最重要的一部份。長大後，廖智順利成為舞蹈老師。然而就在二〇〇八年五月十二日的汶川大地震搖垮了廖智的家，在她身旁的女兒和婆婆都被夾在扭曲變形的房屋裡，重壓之下沒多久就失去了生命跡象，而廖智也因此失去求生的意志。雖然最後她還是獲救了，卻在缺乏醫療資源的情況之下，只能用半身麻醉，截去膝蓋以下被壓傷的雙腿。

截肢手術後幾個月，廖智的傷口逐漸癒合，但是失去女兒的她，無法撫平心中的傷口，甚至還跑到別人的病房緊抱著別人的孩子不肯放。

不久之後，汶川要舉辦一場大型募款活動，一個義工組織專門為她編排了一支

「鼓舞」，這支舞以一面大鼓為道具，她就直接跪在鼓面上跳舞。她用剛癒合沒多久的膝蓋立在床上練習，醫生擔心影響傷口復原的進度，也覺得她這樣很痛，但是她告訴醫生說：「腿沒有了，痛一下不好嗎？」

終於，在汶川地震後的第三個月，廖智穿著一席紅色舞衣，腿上包裹著厚厚的紗布，當她在大鼓上翩翩起舞時，震撼了現場的所有觀眾。

二〇一三年四月二十日，中國蘆山又發生地震，廖智第一時間就趕到當地。在汶川地震過了五年之後，她希望能用自己的力量來幫助別人。雖然有人不免會懷疑她有沒有做為義工的能力，但是她卻深知幫助別人，不是能不能做，而是願不願意去做的問題。只要願意，心就會讓人突破限制。在整個救援過程中，她的腿並沒有成為拖慢他人的累贅，因為她平常就時常戴著義肢練舞，身邊的人也經常忘記她是一個有殘疾的女孩。她說：「擁有一顆健全的心，就不會認為自己的行為弱於別人。」

當你行走在人生的低谷，如果把心「關起來」，那麼連陽光都照不進來，被黑暗環繞的你，又如何看得清未來的路？不如把心門「打開」，看清楚眼前的困境，自然無所畏懼。就像廖智一樣，坦然接受生命的安排，雖然被截去的雙腿再也無法復原，女兒也不能再回到她的身邊，但是她把自己的傷痛轉化為對生命的關懷，讓別人看見，再缺憾的人生也有讓命運重新逆轉的時刻，只有打開心的人才能看見處處是生機。當你正處於生命陷落之時，別灰心，或許浮木就在不遠處！

人生馬拉松

Keep running！

如何在沮喪的時刻，轉化自己看待事情的角度？

1. 如果你努力經營與客户的關係，但最後客户告訴你：「你的東西沒有比較好，我決定要向別家進貨！」何不試著告訴自己：「我要更瞭解自家的產品爲什麼不能吸引客户的青睞！」提升自己的專業，把變心的客人扭轉爲死忠的客户。

2. 接受別人的鼓勵，大方接納別人的建議，即使「忠告」總是不好聽，但只要別人點出你的缺點，就要虛心接受，誠心做出改變。

加油！

學會感恩，激發潛藏心中的單純善良

當你停止抱怨生活、工作或是身邊的人，
真正懷著一顆感恩的心去過生活，
你會發現過去困擾你的心結，
都會成為一種善的力量。

事實上，人的生命就是一個破繭成蝶、不斷蛻變的過程，我們的身心只有在經過不斷歷練、折磨之後，才會變得更加堅強，生命的寬度才會因此開展。因此，學會感謝逆境，並且真心感謝逆境為我們帶來的磨練，如此感恩的心態就能為人生導航至更多的出路。

我曾看過一位跑者在運動筆記中分享跑步的心得，當他看見一位老婆婆邁力地為跑者加油時，他跑到婆婆面前向她道謝，但是婆婆卻很客氣地說：「我站在這裡出聲不會累，看你們在那裡跑得很努力，才是真的累。」在這之後，那位跑者滿懷著感恩的心情，更賣力地跑向終點，途中經歷的難關似乎也沒有那麼痛苦了。

感謝生命中要求你甚深的人

有一次，拿破崙騎馬經過一片樹林，卻聽到前方有一陣嘈雜的求救聲，於是他快馬加鞭，朝著發出求救聲的方向奔去。原來有個士兵掉進水裡，正往離岸的地方漂去。這時，岸邊聚集的士兵都心急如焚，卻手足無措，因為他們沒有人會游泳，轉眼間，那個落水的士兵漂得更遠了。

眼見此景，拿破崙問岸邊的士兵說：「他會游泳嗎？」

其中一個士兵回答他說：「會啊！可是他好像已經沒有體力了，只能任憑水流牽引漂走。」

隨即，拿破崙拿出一把手槍，並大聲朝著落水的士兵喊叫：「你還在那裡做什麼，趕快游回來。再漂過去，我現在就開槍把你擊斃！」

說完，拿破崙就把槍口對著水面開了兩槍。落水的士兵聽到槍聲，還來不及害怕，就本能地奮力往岸邊游，居然沒多久就游回岸邊。

落水的士兵得救以後才發現，原來開槍的人竟是拿破崙陛下。被救的士兵驚魂未定，不解地問拿破崙說：「陛下，我不小心掉到湖裡去，都快要淹死了，你怎麼還對我開槍？子彈差一點就打中我了！」

拿破崙笑著回答：「如果不開槍嚇你，你才真的會淹死，如果愈漂愈遠，你覺得自己還可以平安無事地回來嗎？這幾個士兵都不會游泳，有誰可以下水去救你呢？你被槍聲嚇一跳後，不就回神來救自己了嗎？」

有時候，我們以為對自己嚴苛的人，對我們而言就是「惡劣的人」。事實上，所謂「惡劣的人」如果不關心你，又何必在你身上浪費時間呢？

對於世事，我們很容易產生兩種不同的態度，就是感恩和抱怨。抱怨的人總是把注意力集中在不滿之處；而懂得感恩的人卻可以清楚分辨事情的好壞，所以才能用心去感受生命中美好的一面，看見別人對自己嚴苛的背後，那種盼望你可以變得更好的期許，與願意花心思督促自己的辛勞。

一顆感恩的心，就是最實際的作為

日本著名企業家豐田汽車的前總裁石田退三，他出生於日本愛知縣的貧窮人家，在石田年輕的時候，他的表哥兒玉一造堅持要讓石田上學讀書，因此石田才能在念完小學後，進入初中學習。

畢業後，石田先後擔任過小學教員，也做過傢俱店的員工，後來因為兒玉的推薦進入頗具規模的服部商店工作。但是就在服部商店的事業看起來蒸蒸日上的時候，商店社長服部兼三郎卻因一時的財務周轉不靈自殺了。幾日後，服部商店換了新的社長，石田卻選擇離開，他想要自己開一間布店，逃避服部社長自殺對他造成的心理陰影，但是因為資金不足，他只好跑去向兒玉表哥借錢。

當兒玉問他要借多少時，石田回答五萬塊就夠了。兒玉覺得很奇怪，便問他借錢的用途。

石田回答說：「我想開一間布店。」

聽到石田這麼說，兒玉突然生氣地訓斥他說：「你聽好，現在這個時代已經不能只做小生意，必須想辦法向社會各界募集資本，從事對日本和對全世界有益的事情。我不希望你成為一個只想苟且度日的小人物！」

表哥的話不僅讓石田感到非常羞愧，兒玉後來還為石田介紹工作。一九二七年，石田正式成為豐田公司的一員，擔任豐田紡織公司大阪營業所的所長，這時他已經年過四十了。一九四八年，石田升任豐田紡織社長，解決了困擾日本企業已久的勞資糾紛。二年後，他轉任豐田汽車的社長，在職十一年，他為原本已經開始走下坡的豐田汽車打造出全新的面貌，也被譽為「豐田復興之父」，更得到日本政府頒發一級功勛瑞寶勳章的殊榮。

石田後來回憶自己的人生時說：「我要感謝那些曾經給我壓力的人，和曾經照顧過我的人。如果沒有他們，我不會是今天的我。」

就好像石田退三的表哥兒玉一造所言，要做對自己的國家和對全世界都有益的事，來回饋社會和世界給予你的資源。

其實從小開始，我們時時刻刻都受到別人的幫助，也不斷接受別人的恩惠。我們的父母，從我們出生開始就孜孜不倦地養育我們，也教我們做人做事的道理；進入學校後，老師每天都兢兢業業地教導我們如何學習知識；在成家以後，又得到另一半無私的付出；甚至在工作中，當我們遇到困難時，同事們也總是不吝於伸出援手……。

我們需要報答的人太多，如果你能夠時時抱持著一顆感恩的心，那麼你還會抱怨父母對你的叨唸，或是另一半不能給你優渥的物質生活嗎？不要忘記經常對身邊的人說：「謝謝。」有時候，即使是如此簡單的言謝，也是一種最直接的回饋。

記得海倫．凱勒曾在她的自傳中寫道：「我感謝大自然給予我溫暖的陽光，我感謝父母給予我敏感的觸覺，我感謝我的老師給予我美妙的知識。」這樣一位看不見也聽不到的女孩，卻總是懷著感恩的心面對原本看似詛咒的天賦。她甚至感謝上天所賜予的不幸，正是因為不幸，所以使得她比普通人更堅強，也更加不屈不撓，讓她克服了重重困難後，用看似「不可能」的奇蹟姿態，成為了一名偉大的文學家和慈善家。

當你停止抱怨生活、工作或是身邊的人，真正懷著一顆感恩的心去過日子，你會發現自己心中的視野也將豁然開朗，過去曾困擾你的心結，或是別人有意或無心的言詞，那些讓你難以接受的生命的祝福，在你的眼中都會成為一種善的力量。

懷抱著心中感恩的能量，可以激發每個人內心中潛藏的單純與善良。不論在順境或逆境，皆能感恩，安然接受困境的強風暴雨後，也將預見那片烏雲之上耀眼的陽光。

人生馬拉松

Keep running！

如何面對那些看似對你苛刻、給你施壓的人？

1. 如果別人願意用他的時間來教導你，即使有時看起來過於嚴苛，其實是出於希望你的能力可以更快進階的求好心切，因此最好的回饋就是在最短的時間內快速提升自己。

2. 許多人年紀漸長以後，都會十分感謝父母對自己的教導。如果現在的你年紀還很小，不妨試著去理解父母的心情，你會發現父母的嘮叨，大多是出於恨鐵不成鋼的心情。

加油！

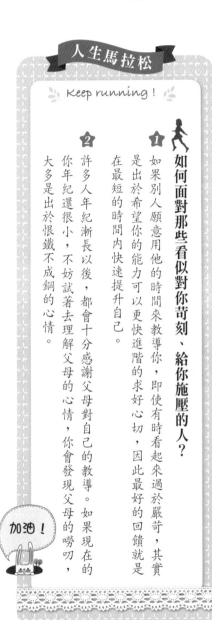

生命的意義
只能靠自己去追尋

用行動來實行自己的想法，
如果最後真的做到了，
那麼對於你的人生而言，
才是值得的「勝利」。

你是否曾經想過，對於自己的人生而言，什麼才是真正具有意義的事情？

我們都是透過屢次實踐才能從中調整自己的人生方向，或因此擁有更明確的想法。就好像如果沒有把手伸進洗澡水裡，又怎麼會知道，水溫要更涼一點，還是需要再加一點熱水呢？對你而言「剛剛好」的溫度，才是你想要的東西。人生也是如此，自己對於生存的定義，或者是現在為什麼從事這個工作，而不是那種工作——釐清「我為什麼而做？」的根本人生觀，就決定了我們的命運就此該何去何從。

就如同在眾多的跑者中，每個人接觸馬拉松的原因都大不相同。有些人是為了健康、有些人是為了瘦身、有些人是為了找到志同道合的朋友、有些人則是想透過跑步突破自我……這些原因也象徵著每個人人生觀的一部分，也代表透過馬拉松，他們想要追求何種不同的轉變。

因此，現下你的每個決策，其實都與你的人生觀息息相關，若是在尋找目標的中途迷路，有時候不如回頭探求：「我想要的是什麼？」往往可以幫助自己在人生中定位，離開迷途，一路跑回通往終點線的大道。

生命的意義在於你如何定義人生

前南非總統納爾遜・羅利拉拉・曼德拉（Nelson Rolihlahla Mandela）於二〇一三年十二月五日在約翰尼斯堡家中病逝，享耆壽九十五歲。

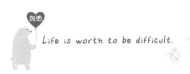

讓時間回到半個多世紀以前，一九五八年九月，當時的南非首相強制實行種族隔離政策，將境內一千多萬的黑人限制居住在僅僅百分之十二點五的南非國土之中。二年後，更規定只要不是白人，年滿十六歲後就必須隨身攜帶通行證，否則將遭到逮

捕。此舉更加激化了種族之間的衝突，引爆大規模的黑人抗議事件。

一九六一年九月，在政府強勢鎮壓之下，曼德拉開始醞釀革命的力量，並擔任非洲武裝組織領袖。後來還引起美國情報局的注意，與南非當局聯手逮捕曼德拉。

最後，南非法院以「企圖暴力推翻政府」等罪名，判處曼德拉終生監禁。自此，便開始他長達二十七年的監獄生涯，其中約有十八年都在專門關押黑人政治犯的羅本島上採石度日。而艱苦的牢獄生活，更讓曼德拉總是在生與死的邊緣掙扎。

在實行種族隔離那段時間內，南非政府受到國際輿論的嚴厲制裁，不過直至一九九〇年才解除隔離政策，當時的總統德克勒克（Frederik Willem de Klerk）於同年二月才宣布無條件釋放曼德拉。

曼德拉為了自己的政治理想，在牢獄裡度過二十七年的光陰，甚至在獄中以身教代替言教，感化身邊的犯人和獄卒暴躁的性情，讓所有人能用平和的態度來對待彼此。曼德拉強烈的感染力不僅在監獄中蔓延，他對弭平種族紛爭的不遺餘力，讓他出獄三年後，獲選為諾貝爾和平獎得主。

一九九四年南非舉行歷史上首次不分種族的選舉，曼德拉果然不負眾望，成為南非首位黑人總統，並在任內致力於實現種族和解的理想，促使白種人和黑種人在南非境內和諧相處。

一九九九年卸任總統後，曼德拉在迎接二十一世紀的慶祝活動中，於過往的牢房內點燃一根蠟燭，象徵南非未來的民主希望。他說：「在未來的南非，不論種族和膚色，希望每個人都能和睦相處。」

在一次受訪時，有人問曼德拉，希望世人用什麼方式來紀念他。他回答說：「我希望我的墓碑上能寫上這樣一句話：『埋葬在這裡的是已經盡了自己職責的人。』除此之外，我別無他求。」

人的一生如此短暫，要如何做才能體現人生存在的意義？我想至少要像曼德拉一樣，為自己的理想付出最大的努力，才能說出：「我已經盡了自己的職責。」並且無愧於心。

曼德拉一生的歷程提醒了我們：如果想要改變現實的不均，就要做出有建設性的改善，而不是一味地批評，也不是一味地抗爭，即使年輕時的曼德拉也不免用激烈的手段來表達自己的訴求，認為以暴制暴才是正義的表現。不過後來，曼德拉發現「寬恕」與「包容歧異」才是真正能化解對立的柔軟身段，因而終能達到一生追求的理念。

人生中最有意義的事，是用自身的力量去帶給更多人正面的影響力。就如同入獄後的曼德拉一樣，他用行動去證明自己的想法；用屈居的自尊去面對不公平的現況，進而扭轉他人歧視的目光，做出對眾人有益的貢獻，才能感動原本不支持他的人，最後實現一個雙方都可以互相理解的社會。

曼德拉因為實現了理念，進而真正地彰顯了生命的光輝，人生格局相對地也能愈走愈寬敞；若是單單為了求得「弭平紛爭的英雄」之榮譽，卻未能深諳寬容的力量，就會用鎮壓的手段來消除異端，也同時將自己逼入人生的窄巷中。就如同多次引發種族戰爭、階級之戰的暴君，最後往往又會被反對的勢力吞沒，因為「人人生而平等」的理念，透過社運人士的散播與宣揚，漸漸深入人民的心中，進而變成無法忽視的龐大力量。

因此，人生價值的實現與否，並不等同於世俗的勝敗。同樣的，不是現在的自己看似過得比別人優渥，就是屬於「人生勝利組」。我們應該像每個馬拉松的跑者一般，用行動來實行自己的信念，如果最後真的做到了，那麼對於你的人生而言，才是達到真正的「勝利」。這也是許多馬拉松跑者之所以能夠持之以恆的原因，因為他們知道，這是「為自己、為人生而做」的一件事，而人生的意義不就是從一件件「為自己而做」的事情逐步累積，方能尋求實踐真我的無價人生。

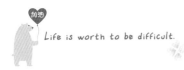

人生馬拉松

Keep running！

如何在跑馬拉松時，找到自己人生的意義？

1. 跑步就好像人生一樣，可以從這個「跑步」的過程中學習到很多事，無論是追求自我實現，或是學習如何堅定自己的意志……並且讓自己知道，只要一直跑下去，你一定能到達目標。

2. 人生的意義，需要經過一連串的考驗和修正，才能突顯其眞正的價值，也許你覺得自己的理想很渺小，但只要一直累積努力，就像滾雪球一樣，最後就會變得很有力量。

加油！

NOTE

NOTE

放下，其實沒什麼大不了！

雜念退散的煩惱清理術

定價：220元

Take easy !!

別再把心當作煩惱儲藏室！
想遠離煩躁焦慮的自己，找回輕鬆自在的心空間，
你需要徹底實行心靈大掃除！

用簡便的方法打掃你的心，讓心空間充滿愉快的香氛，
那些烏煙瘴氣的雜念將再也不能趁虛而入。

自我療癒の輕生活練習

國家圖書館出版品預行編目資料

人生就像馬拉松，有曲折才值得 / 呂佳綺 著. -- 初版. -- 新北市：啟思出版, 2014.07　面；　公分
ISBN 978-986-271-502-4（平裝）

1. 人生哲學　　2. 生活指導

191.91　　103007307

人生就像馬拉松，
有曲折才值得
想要看見不一樣的人生，現在就要邁步向前！
Life is worth
to be difficult.

啟思
Cheese Group

人生就像馬拉松，有曲折才值得

出 版 者 ◤啟思出版
作　　者 ◤呂佳綺
品質總監 ◤王寶玲
總 編 輯 ◤歐綾纖
文字編輯 ◤劉汝雯、蔡羽筠
美術設計 ◤蔡億盈
內文排版 ◤新鑫電腦排版工作室

本書採減碳印製流程
並使用優質中性紙
（Acid & Alkali Free）
最符環保需求。

郵撥帳號 ◤50017206 采舍國際有限公司（郵撥購買，請另付一成郵資）
台灣出版中心 ◤新北市中和區中山路 2 段 366 巷 10 號 10 樓
電　　話 ◤(02) 2248-7896　　　傳　　真 ◤(02) 2248-7758
I S B N ◤978-986-271-502-4
出版日期 ◤2014年7月

全球華文市場總代理 ◤采舍國際
地　　址 ◤新北市中和區中山路 2 段 366 巷 10號 3 樓
電　　話 ◤(02) 8245-8786　　　傳　　真 ◤(02) 8245-8718

全系列書系特約展示
新絲路網路書店
地　　址 ◤新北市中和區中山路2段366巷10號10樓
電　　話 ◤(02) 8245-9896
網　　址 ◤www.silkbook.com

線上 pbook&ebook 總代理 ◤全球華文聯合出版平台
地　　址 ◤新北市中和區中山路 2 段 366 巷 10 號 10 樓
主題討論區 ◤www.silkbook.com/bookclub　● 新絲路讀書會
紙本書平台 ◤www.book4u.com.tw　● 華文網網路書店
電子書下載 ◤www.book4u.com.tw　● 電子書中心 (Acrobat Reader)